# 儀礼にみる日本の仏教

## 東大寺・興福寺・薬師寺

奈良女子大学古代学学術研究センター設立準備室 編

法藏館

**東大寺　修二会（お水取り）　おたいまつ**／撮影：桑原英文

**東大寺　修二会　達陀**：松明で加持する火天（左）と
香水で浄める水天（右）。／提供：奈良新聞社

**薬師寺　修二会（花会式）**
藤と椿のみごとな造花。後方は本尊薬師如来像。／撮影：桑原英文

**薬師寺　修二会　呪師作法**：呪師帽をかぶり両手に剣を構えて須弥壇の周りを小走りに巡り、呪禁の修法を行う。（剣で天地を指し、正面で一回転したところ）／提供：奈良新聞社

儀礼にみる日本の仏教——東大寺・興福寺・薬師寺——

＊目次

装幀　吉川陽久

# 儀礼にみる日本の仏教

東大寺・興福寺・薬師寺

# 「法会学」への招待—序言にかえて—

千本英史

小説『天平の甍』の中で、とりわけて記憶に残る人物の一人は、業行でしょう。彼は在唐三十余年の留学僧ですが、自分の能力の限界を悟り、故国に正確な写経を持ち帰ることこそが自らの使命だとして、日夜密教経典の書写に専念している人物です。帰国直前に、この小説の視点人物である普照と乗船を交替し、結局書写した膨大な経典ともども深い海の藻屑と消えてしまいますが、その寡黙な業行が、めずらしく帰国を前にして自らの思いを普照に語る部分は印象的です。

「私の写したあの経典は日本の土を踏むと、自分で歩き出しますよ。私を棄ててどんどん方々へ歩いて行きますよ。大勢の僧侶があれを読み、あれを写し、あれを学ぶ。仏陀の心が、仏陀の教えが正しく弘まって行く。仏殿は建てられ、あらゆる行事は盛んになる。寺々の荘厳は様式を変え、供物の置き方一つも違って来る」それから業行は憑かれたように、「阿弥陀の前、内陣には二十五菩薩を象って二十五個の花が撒かれる。日本では、菊か、椿の花が。

そして五如来を象って五葉の幡が吊り下げられる。そして……」業行の声は次第に低く呟くような調子に変って行った。普照は聞き耳を立てたが、僅かに「伎学」「舎利」、そして「香水」といった言葉が聞き取れたぐらいで、そのあとは何を言っているか全く判らなかった。

……

というのです。

万巻の経典を持ち帰って、そこで実現されるべきは法会の荘厳にほかならないことを、このエピソードはよく伝えています。

法会とは「仏・菩薩を供養したり、経典を読誦したり、追善の法要を営んだりする、仏法に関するあらゆる行事・儀式・集会」(『岩波仏教辞典』)の総称です。現在知られているその初例は、敏達天皇十三年(五八四)です。

『日本書紀』には、「是歳、蘇我馬子宿祢、其の仏像二躯を請《ま》せて……四方に使して、修行者を訪ひ覓《もと》めしむ。是に、唯《ただ》播磨国にして、僧還俗の者を得。名は高麗の恵便といふ。大臣、乃ち以て師にす。……仏殿を宅の東の方に経営《つく》りて、弥勒の石像を安置《ま》せまつる。三《みたり》の尼を屈請《いま》せ、大会の設斎《をがみ》す」とあります。法会の導師は当初、わざわざこうして探し出さねばならなかったのです。この時、馬子は舎利の出現という霊験を経験します。「十四年の春二月の戊子の朔壬寅に、蘇我大臣馬子宿祢、塔を大野丘の北に起てて、大会の設斎《をがみ》す。即ち達等が前に獲たる舎利を以て、塔の柱頭に蔵《をさ》む」。聖徳太子が法華経、勝鬘経の講説を行ったとされる十三、四年前のことです。

冷泉帝の第二皇女で、十五歳で円融天皇の女御となった尊子内親王のために、仏教入門書として書かれた『三宝絵』という作品があります。彼女は十七歳で剃髪、寛和元年四月には受戒し、翌五月二日に二十歳の若さで死去するという薄幸の一生でした。

三宝とは、仏・法・僧をいいますが、『三宝絵』はそれに合わせて全体を上中下の三巻に分けています。上巻の「仏部」ではインドでの釈迦の本生譚が書かれ、中巻の「法部」ではその仏教が日本でいかに広まってきたかが、『日本霊異記』を主な資料として歴史的に跡づけられます。そうして下巻の「僧部」では一月から十二月まで三十一項目に分かって、各地の法会が紹介されるのです。平安時代も半ばになって、仏教がますます盛んになってきたことがよく示されているといえましょう。

上巻・中巻が歴史的な伝流の証明であったのに比べて、下巻で取り上げられる法会は毎年毎年繰り返されるという特徴を持っています。そこに流れているのは、上巻・中巻の流れ行く時間ではなく、いわば循環する時間です。仏教はインド、中国を経て、この日本で循環する時間の中にしっかり受け止められ、次に弥勒菩薩が下生するまでの長い時間を保障されている、そういう構図なのです。法会を「僧が仏の教え（法）を具体化する行為」と端的に規定したのは今回の講演をお願いしたうちのお一人の山岸常人氏ですが、たしかに僧侶たちが仏を勧請して法を説く、仏、法、僧の結合する場こそが法会なのであり、それは仏法が末法の私たちの前に現前する現場そのものであるわけです。

表　三宝絵で取り上げられる法会

| | |
|---|---|
| 一　月 | 修正会、御斎会 |
| 二　月 | 修二会、淳和院阿難悔過、興福寺涅槃会、石塔 |
| 三　月 | 崇福寺伝法会、薬師寺最勝会、神護寺法花会、法華寺花厳会、坂本勧学会、薬師寺万燈会、（元慶寺舎利会） |
| 四　月 | 延暦寺舎利会、大安寺大般若会、諸寺灌仏、延暦寺受戒 |
| 五　月 | 長谷寺菩薩戒、施米、（唐招提寺舎利会） |
| 六　月 | 東大寺千花会 |
| 七　月 | 文殊会、盂蘭盆 |
| 八　月 | 延暦寺不断念仏、岩清水八幡放生会、（淳和院阿難悔過） |
| 九　月 | 延暦寺灌頂、（東寺灌頂）（法性寺灌頂）（崇福寺伝法会）（坂本勧学会） |
| 十　月 | 興福寺維摩会 |
| 十一月 | 熊野本宮・新宮法華八講会、延暦寺霜月会 |
| 十二月 | 仏名会 |
| 月　例 | 温室（十四・二十九日）、布薩（十五・三十日） |
| 四　季 | 延暦寺法華懺法 |

では、法会とは実際にどんなものなのか。『三宝絵』で正月行事として描かれている御斎会《ごさいえ》を例に見てみましょう。

御斎会は毎年正月の八日から十四日までの七日間行われた国家第一の行事です。「神護景雲二年（七六八）より起これるなり」といい、「おほやけ大極殿を飾り、七日夜をかぎりて、昼は『最勝王経』を講じ、夜は吉祥悔過《きちじょうけか》をおこなはしめたまふ」のです。吉祥天女は致福の女神として有名です。薬師寺の豊満な画像や浄瑠璃寺の容姿美麗な立像を思い浮かべられる方も多いでしょう。その吉祥天女に悔過《けか》をして罪の許しを乞うのです。

『金光明最勝王経』は聖武天皇が各国に国分寺を置く典拠ともなった経典で、鎮護国家の思想が色濃く流れています。『三宝絵』は「国王この経を講ずれば、王つねに楽しびを受け、民また苦しびなし。風雨時に従ひ、国家の災ひを払ふ。王この経を聞かむとおぼさむ時は、宮の内にことに優れたらむ殿の、王の重くせむ所を飾りて、師子の座を置け。幡を懸け、香を焚け。王は少し短かからむ座に居て、心をいたして経を聞き給へ。また法師をたのみ仰ぎて大師の思ひをなし、もろもろの人を哀れみて慈悲の心をおこせ。自ら白蓋を取り、左右に音楽をととのへて、歩み出て師を迎へ給へ」と内容をわかりやすく説いています。そういうわけで通常、天皇が政務を見、国家の大礼を行う大極殿《だいごくでん》で、毘盧遮那仏《びるしゃなぶつ》を本尊に、観音菩薩と虚空蔵菩薩を脇士として、盛大な法会が行われることになったわけです（東大寺の大仏さんもこの仏さまですが、御斎会の場合はもちろん、あんなに巨大な仏像が運び込まれたのではありません。龕《がん》といって小さな厨子に入っていたようです）。ちょうど孝謙天皇が重祚して称徳天皇となって、道鏡とペアになって仏教政治を行った時期でもありました。

その光景は、時代は少し下るのですが、『年中行事絵巻』に詳しく描かれていますから、今度はそれを順に見ていくことにしましょう。もっとも現存の『年中行事絵巻』（住吉家模本）は一部分しか残っていないうえに、この御斎会の部分にも錯簡があります。順序を正しながら見ていくことになります。

まず絵巻を開けると、三人の老僧が稚児たちに引っ張られて大極殿に参入する、いささか滑稽なシーンが目に入ります。続いて立烏帽子姿の官人たちに囲まれて、笏を手に束帯姿の公卿が出迎えを受けている姿、画面下方には検非違使たちも見えます。国家をあげての行事ですから、参加するものも僧侶だけでなく、すべての分野の官人にわたるのは当然です。御斎会について関係する『延喜式』の規定を見てみると、太政官、図書寮、内匠寮、式部省、玄蕃寮、大膳職、大炊寮、掃部寮と、ほとんどの官職にわたっていて、いかに多くの官人が関与したか、よくわかります。しかもこの時、時期を同じくして日本国中の諸国でも、それぞれの

①大極殿の南面

国分寺で最勝王経転読がなされるとともに、諸国国庁でも吉祥悔過が行われることになっていたのです。まさに国家をあげての行事でした。

続く場面はたいへん長い、大極殿の南面の部分です。役人に先導された僧侶たちが、威儀師、従儀師、衆僧、従僧、堂童子とそれぞれ左右にずらりと並んでいます。描かれている人数だけで五十人を越えます。大極殿の中の経典や、本尊三像の仏さまや四天王像は、幔に隠れて見えませんが、読師《とくし》と講師《こうじ》の座がしつらえられているのがうかがえます。ここで『金光明最勝王経』の講説が行われるのです。

その行事の概略を倉林正次氏のご研究を参照しながら、大江匡房が書いた『江家次第』を中心に見ておきましょう。

(1) まず雅楽が物の音《ね》を発します。

(2) 衆僧たちは、治部省などの役人に先導されて入場。威儀師が前に立って昇殿し、座に着きます。

(3) 講師と読師が輿に乗って入場、高座に着席します。雅楽寮の官人たちが楽を奏しながら先導します。

(4) 雅楽寮の官人たちも着席し、唐楽と高麗楽《こまがく》の双方で一曲ずつ舞楽を奏します。

(5) 唄師《ばいし》が声明《しょうみょう》を唱えます。

(6) 衆僧のうち左右各十人に対し、堂童子が花筥《けこ》を授け、衆僧たちは香炉を持った定者沙弥《じょうしゃしゃみ》を先頭に行道散華《ぎょうどうさんげ》（花弁をかたどった紙片を撒きながら会場を巡る）をします。

(7) 講師が表白《ひょうびゃく》をします。

(8) 仏法の教えを明らかにするための論義《ろんぎ》がなされます。

(9) その後、講師・読師が退出します。

(10) 列席していた公卿、弁少納言が、左右に分かれて衆僧に香を配ります（行香）。

『年中行事絵巻』は、この一連の長い行事が始まる直前の、緊張した一瞬を捉えているのです。

次に進みましょう。場面変わって次は、御斎会の行われている大極殿のすぐ北西、真言院で同時期に行われている後七日御修法《ごしちにちのみしほ》の様子です。

真言院は空海の奏請によって唐の内道場を模して新たに造られ

②後七日の御修法

たもので、承和二年（八三五）から東寺の手で密教教理に基づいて、毎年正月八日から十四日までの七日間、玉体安穏・鎮護国家の修法が行われたのです。阿闍梨の宿坊に続いて真言院の内部が詳しく描かれています。東側に胎蔵界曼荼羅、西側に金剛界曼荼羅が懸けられ、正面には五大尊画像の炎の赤が鮮やかです。この年は胎蔵界の修法の年らしく、その前には弘法大師空海が唐から請来した舎利を納めた金銅仏塔と各種の法具が安置されています。なおもいえば、絵巻には描かれませんが、仁寿元年（八五一）以降は、治部省でもまったく同じ期間に、密教教理に基づいて「大元帥法」が修せられていたはずです。

こうして年の初めのこの時期、宮中の全域と諸国の国府・国分寺・国分尼寺で行われる法会によって、この国はいわば、顕密双方の仏法一色で染め上げられるのです。

次の場面に移りましょう。七日間に及んだ長い法会も結願の夜を迎えました。人々の表情もくだけています。場面はまた大極殿の南面に戻って、基壇の上には、五穀が盛られた大鉢が並べられ、前庭にも山城国が献じた稲束が立て並べてあります。豊かな収穫

③結願の萬歳楽

を祈っているのです。その庭で煌々たるたいまつの灯りの中で、今しも雅楽寮によって左方の萬歳楽が舞い奏でられています。清少納言が『枕草子』で御斎会をはじめ法会を「きらきらしきもの」と呼ぶのもむべなるかなです。

画家は布施の下賜についても忘れていません。場面は大極殿に北接する小安殿《こあどの》。東端に座る講師、読師、呪願師の三人の前には唐櫃が置かれ、次いで南向きにずらりと並んだ衆僧の前には、それぞれに布施が置かれています。西の間には公卿たちが正座しています。

続いて場面は内裏の中に移って、校書殿《きょうしょでん》の東廂にある右近衛陣で、内論義《うちろんぎ》に参加する公卿たちが酒、湯漬け、薯蕷粥《いもがゆ》などを食しているところ（「右近陣饗」）。内論義は、天皇の日常居所の場である清涼殿で、高僧を選んで天皇の眼前で行われる論義です。弘仁四年（八一三）の御斎会の結願に、嵯峨天皇の前で大極殿で初めてなされたのが、後に清涼殿に移されました。

最後の場面は、その内論義で加持香水《かじこうずい》の儀が行われているところです。おなじみの昆明池障子によって仕切られた南側に、僧正、

僧都、律師それに聴聞僧が居並び、空席の問者と答者の座の前に置かれた香水を東寺長者が手にし、南の間に控えた公卿たちがそれを見守っています。こうしてようやくに一連の御斎会は終わるのです。すでに夜は更け、日付けも変わっています。

もとより御斎会もひとつの歴史的行事でありましたから、いつもいつもこのとおりに行われていたわけではありません。時代による変遷を考慮しなくてはならないのはもちろんです（その変遷こそが一つの重要な研究課題であることも明らかです）。ここで追ってきたのは、院政期の絵巻に見られるひとつの理想化された御斎会ということになります。それにしても私たちがこんにち、お寺の法事に思い浮かべるものと比べて、はるかに国家的な、政治的な大きな行事であったことは了解されるでしょう。

後になって創始されたさまざまな法会がしばしば、「御斎会に準ず」と表現されていることからもうかがえるように、御斎会は法会のある種典型として、規範的な存在でした。そしてそれは、興福寺の維摩会、薬師寺の最勝会とともに「南京三会《なんきょうさんね》」と呼ばれ、その三法会で講師を勤めあげた僧侶は「已講《いこう》」と呼ばれ、僧

④布施の下施

綱に任じられることになってもいました。僧の側からいえば、この三法会を勤めることが地位昇進につながるという、実際的な役割を持ってもいたわけです。

道長の死後しばらくして、比叡山で作られた『本朝法華験記』という法華経の効験譚があります。当時の日本各地の話を広く収集しており興味深いものですが、その中にどうも作者の周辺で作られ、語られていたかと思われるものが、二、三混じっています。中巻四八話はその一つで、最勝王経を信じる僧と法華経を信じる僧との験比べの話です。荒れた田にわずか二、三日で巨大な瓠《ひさご》が生え、その中に五斗もの白米が実るという、なかなかおもしろい話で、結局は法華経の優越が説かれることになるのですが、最勝王経のすぐれていることをいうところは、「この経は甚深《じんじん》なること、一切経の中に、最も第一なり。故に最勝王と名づく。これによりて、公家も御斎会と名づけて、最勝を講じ誦す。諸国にもまた吉祥御願と名づけて、最勝王経を講ず……」と説明されます。こうした説明は、御斎会の盛儀を思い浮かべうる人にはきわめて説得的だったでしょうし、また法華経に帰依する立場からは、そ

⑤内裏の右近陣饗

の最勝王経にもまさって験徳がすばらしいと説くことは、まことに効果的でもあったでしょう。

法会はこのように、制度と心性の両面において、当時の歴史の実情を知るには欠かすことのできない重要なテーマです。しかしながら、その研究は実はまだあまり進んでいるとはいえません。それは、いま見てきたように法会を構成する要素が実に多彩で、一つの学問分野だけではどうしても追いきれないからです。政治経済的な、また文化史的な歴史学はもとより、仏教学、国文学、建築学、美術史学、音楽学、服飾学……、どの一つが欠けても法会の全体像は見失われてしまいます。法会研究が諸学の共同研究、学際研究たらざるをえないゆえんです。

＊　＊　＊

国立大学はいま、新しい大学像を描いていくことを求められています。これを大学に対する「黒船」だとか「外圧」だと考える向きもないではありませんが、それはことの本質を見ないものでしょう。明治以降の近代日本の歩みの中で、徐々に形成されてきた大学、ないし学問という枠組み自体が、内発的に問い直されよ

⑥加持香水の儀

（日本絵巻大成8『年中行事絵巻』中央公論社より）

うとしている側面を見落とすならば、たんなる書類上の改革に終わってしまうことは明らかです。
私どもの大学が、日本で二つだけの国立女子大学として女性の高等教育に責任を有してきた歴史からは、私たちは今後ますます必要となる女性の社会進出への行き届いたサポートこそをまずは求められているといえましょう。

と同時に、小規模ながらも奈良に位置する国立総合大学として、わが国の古代の文化を総合的に研究する拠点とならなければと考えています。一九九九年の大学院人間文化研究科の改組で、近隣の奈良国立文化財研究所から三人の併任教官、奈良国立博物館、宮内庁正倉院事務所からそれぞれ一人の客員教官を招いて、連携講座化を図ったのもそうした観点からですが、私たちはこの方向をさらに進めて、古代学学術研究センターを新たに開設する方向で、関係当局と協議を進めています。

本書に収めたのは、その古代学学術研究センター構想を準備する過程で、具体的な先行研究として一九九七年から三年間、学長裁量経費（教育研究改善経費）を得て実施された「南都における法会の総合的研究」の成果の一部です。毎年一度ずつ、東大寺、興福寺、薬師寺に焦点をあてて開催した講演会は、各分野にまたがった講師の先生方のご協力により、あまり広く広報できなかったにもかかわらず全国各地から毎回百名程度の参加を得て、成功裏に終了しました。

分野を異にする研究者と熱心な一般聴衆が集い、問題点を掘り下げて検討していくというスタイルは、私たちの構想する古代学学術研究センターのあるべき姿を鮮明に示してくれました。こうした学際協力による新しい試みは、これまでの学問の細分化に伴う閉塞感を打破する大きな力となっていくものと信じています。

二〇〇〇年の初秋に

# 第一章　東大寺の法会

**東大寺　修二会（お水取り）　達陀**：内陣と礼堂の境の戸帳を巻き上げる堂童子。／提供：奈良新聞社

# 法会のかたち——いま、修二会を中心に——

佐藤道子

## はじめに

今日三月十四日は東大寺二月堂修二会（お水取り）の結願の日にあたりますが、二月堂の修二会は、東大寺の法会を考えるうえで欠くべからざる大きな法会であり、東大寺に限らず南都の法会、あるいは日本の各宗派の諸法会のなかでも代表的なものと位置づけられる大法会です。そこで、ここでは修二会を中心に東大寺の法会を概観してみようと思います。

## 一　現行の法会

表1に掲げたのは、現在東大寺で行われている法会です。これは東大寺の現長老、狭川宗玄師が『聲明大系』というレコードの解説としてお書きになられたものですが、これに拠って現在の

表1　年次法要

| 月日 | 法要名 | 道場 | 法要の内容 | 註 |
|---|---|---|---|---|
| 一月 三日<br>五日 | 大《だい》般《はん》若《にゃ》会《え》 | 二月堂 | ・唄・散華<br>・導師作法・大般若経転読・心経 | ・鎮護国家、除災招福、等祈願<br>・文武天皇大宝三年（七〇三）三月、四大寺（大安寺・薬師寺・元興寺・興福寺）にて始めて行なわる。（続日本紀第三） |
| 一月 七日 | 修《しゅ》正《しょう》会《え》 | 大仏殿 | ・初夜導師作法（如意輪悔過）<br>・後夜導師作法 | ・鎮護国家、玉体安穏、万民快楽、風雨順時の祈願<br>・正月講堂修正自二朔日一七箇夜（要録）<br>・後柏原天皇永正五年（一五〇八）講堂焼失後は大仏殿にて。<br>・大仏殿修正<br>行二如意輪悔過一作法如常初夜式事畢後夜導師進二于仏前一……（続要録）<br>・現在の後夜導師作法　桜町天皇元文五年（一七四〇）再興のときのもの。<br>＊後西天皇寛文二年（一六六二）の作法本とは内容が大分異なる。 |

| | | | | |
|---|---|---|---|---|
| 二月二十日より三月十五日まで | 修《しゅ》二《に》会《え》 | 戒壇院<br>二月堂 | 修二会の声明の項参照 | |
| 三　月<br>彼岸中日 | 彼《ひ》岸《がん》会《え》 | 念仏堂 | ・唄・散華<br>・講問 | ・観無量寿経の日想観に基づいて、観ずるのを到彼岸の義に寄せて行なったもの。<br>・平安朝以来行なわる。 |
| 四月　八日 | 仏《ぶつ》生《しょう》会《え》 | 大仏殿 | ・唄・散華<br>・導師作法 | ・四月八日、伎楽会於㆓大仏殿㆒行㆑之<br>・四月八日、仏生会再興（要録）<br>天文九年（一五四〇）（寺辺の記） |
| 四月二十一日 | 御《み》影《え》供《く》 | 真言院 | ・理趣経<br>・光明真言七反 | ・空海忌<br>光仁天皇宝亀五年（七七四）～仁明天皇承知二年（八三五）三月二十一日<br>・空海、第十四代東大寺別当<br>弘仁元年（八一〇）～弘仁四年（八一三） |
| 四月二十四日 | 知《ち》識《しき》供《く》 | 開山堂 | ・勧請・祭文<br>・唄・散華・講問<br>・普賢行願品・式<br>・伽陀<br>・宝号・奉送 | ・善財童子の徳を讃嘆する法要 |

| | | | | |
|---|---|---|---|---|
| 五月　二日 | 聖武天皇御《ぎょ》忌《き》 | 天皇殿 | 最勝十講<br>・唄・散華・講問（第九巻まで）<br>・唄・散華・講問（第十巻）<br>・自我偈 | ・聖武天皇御忌<br>文武天皇大宝元年（七〇一）～孝謙天皇天平勝宝八年（七五六）五月二日<br>・五月二日御斎会於二大仏殿一行レ之 |
| 五月　三日 | 山《さん》陵《りょう》祭 | 聖武天皇<br>佐保山<br>南陵 | ・唄・散華・慶讃文<br>・観音経 | |
| 五月　十五日 | 嘉《か》祥《しょう》会《え》 | 八幡殿 | ・唄・散華<br>・講問・八不偈 | ・嘉祥大師（吉蔵）忌（三論再興の師）<br>梁武帝太清三年（五四九）～唐武徳六年（六二三）五月十五日 |
| 七月　五日 | 俊《しゅん》乗《じょう》忌《き》 | 俊乗堂 | ・法華八講 | ・俊乗上人（重源）忌<br>鳥羽天皇保安二年（一一二一）～土御門天皇建永元年（一二〇六）六月五日<br>・浄土堂八講を設ける。康永二年（一三四三）六月六日（東大寺文書） |
| 七月二十四日 | 地《じ》蔵《ぞう》会《え》 | 知足院 | ・光明供・九条錫杖<br>・理趣経 | |

| | | | | |
|---|---|---|---|---|
| 七月二十八日 | 解《け》除《じょ》会《え》 | 大仏殿 | ・唄・散華<br>・導師作法 | ・除病攘災の祈願<br>東大寺別当道義律師時。延喜元年（九〇一）三月廿五日。被二寺牒送一。為二天下病疫一。被レ令二東大寺講堂。毎年六月廿八日祓行一。（要録）<br>素盞烏尊南海ニ赴キ蘇民将来ノ家ニ宿リ給ヘルトキ疫行ハレシカバ茅ノ輪ヲ作リ懸テ疫ヲ免レシメ給ヒキ。後世、夏越ニハ門戸ニ懸ケテ疫病ヲ避クト云フ。<br>＊現在の表白に依れば、醍醐天皇延喜二年（九〇二）にはじまったとなっている。 |
| 八月　六日 | 聖《しょう》宝《ぼう》忌《き》 | 本防<br>持仏堂 | ・唄・散華・講問<br>・八不偈 | ・理源大師（聖宝）忌<br>聖宝……醍醐寺開山、東南院（三論宗の本所）第一世<br>淳和天皇天長九年（八三二）〜醍醐天皇延喜九年（九〇九）七月六日 |

| | | | | |
|---|---|---|---|---|
| 八月 十二日 | 公《こう》慶《けい》忌《き》 | 公慶堂 | ・法華八講 | ・公慶上人忌<br>後光明天皇慶安元年（一六四八）十一月十五日～東山天皇宝永二年（一七〇五）七月十二日 |
| 九月<br>彼岸中日 | 彼《ひ》岸《がん》会《え》 | 念仏堂 | 春と同じ | 春と同じ |
| 十月 五日 | 転《て》害《がい》会《え》 | 八幡殿 | ・バラ〳〵心経 | ・九月三日、手掻会於二手掻御門一奉レ飾二御輿一祭レ之<br>・二十余年ぶりに再興（続史遇抄） |
| 十月 十五日 | 秋季<br>聖武天皇祭 | 大仏殿 | ・唄・散華・慶讃文<br>・心経三巻 | ・聖武天皇天平十五年（七四三）十月十五日……盧舎那仏造立の詔発布の日。 |
| 十一月 十四日 | 賢《げん》首《じゅ》会《え》 | 八幡殿 | ・唄・散華・講問<br>・如心偈 | ・賢首大師（法蔵）忌（華厳宗第三祖）唐、太宗貞観十七年（六四三）～唐、睿宗、先天元年（七一二）十一月十四日 |

| | | | | |
|---|---|---|---|---|
| 十二月　十四日 | 仏《ぶつ》名《みょう》会《え》 | 二月堂 | ・過去、現在、未来のうち何れか一つ | ・懺悔滅罪 |
| 十二月　十六日 | 方《ほ》広《ご》会《え》<br>竪義 | 法華堂（夜）<br>〃 | ・唄・散華・講問<br>・竪者作法<br>・精義者作法 | ・良弁忌（竪義のない時は良弁堂〈夜〉）持統天皇朱鳥三年（六八九）～光仁天皇宝亀四年（七七三）閏十一月十六日<br>・住職登用試験（竪義） |

**月例法要**

| 日 | 法要名 | 道場 | 法要の内容 | 註 |
|---|---|---|---|---|
| 一日 | 八幡菩薩法《ほう》楽《らく》 | 八幡殿 | ・唄・散華・講問<br>・バラ〱心経三巻 | |
| 二日 | 聖武天皇御忌 | 天皇殿 | ・唄・散華・講問<br>・自我偈 | |
| 五日 | 俊乗忌 | 俊乗堂 | ・理趣経<br>・光明真言七反 | |
| 六日 | 鑑真忌 | 戒壇院 | ・式・伽陀<br>・観音経 | |
| 八日 | 仏生会 | 大仏殿 | ・三十二相 | ・四月八日……仏生会 |

| | | | | |
|---|---|---|---|---|
| 十二日 | 公慶忌 | 公慶堂 | ・理趣経<br>・光明真言七反 | |
| 十五日 | 涅槃会 | 大仏殿 | ・華厳経（四十華厳の第四十巻） | ・二月十五日……涅槃会 |
| 十六日 | 良《ろう》弁《べん》忌 | 開山堂 | ・唄・散華・講問<br>・功徳経<br>・如心偈三反 | ・三條天皇長和（一〇一二～一〇一六）年中、有慶大僧都、影供を修す。後中絶。<br>桜町天皇延享四年（一七四七）、八月十六日、貫主法親王再興。現在に至る。（表白）<br>・彼宝亀四年歴二百三十七年之後、依㆓有慶大僧都ノ勧進㆒寛仁三年（一〇一九）十一月十六日、被㆑始㆓御忌日法会㆒ヲ（宗性、春華秋月抄草第廿四、建長二年十一月御影堂供養願文草案）<br>・良辨像成る。〔寛仁三年〕（要録） |
| 十七日 | 観音縁日 | 三月堂<br>四月堂 | 〈三月堂〉・式・伽陀・観音経<br>〈四月堂〉・読経 | |

| | | | |
|---|---|---|---|
| 十八日 | 観音縁日 | 二月堂 | 〈本講〉・唄・散華・梵音・錫杖・講問・阿弥陀経<br>〈新講〉・唄・散華・講問・観音経 |

狭川宗玄「修二会〈お水取り〉と東大寺の声明」（『聲明大系―南都』解説篇）より

東大寺の法要を一望しておきたいと思います。

最初に「年次法要」、次に「月例法要」が掲げられています。寺院でとり行われる行事を法会《ほうえ》と言い、法会で勤修《ごんしゅ》される儀式を法要と言いますが、法会は、どの宗派、どの寺院でも恒例の行事と臨時の行事に大別することができます。また恒例行事は、さらに年次の法会と月例の法会に分けることができ、その都度法会の開催目的にふさわしい法要が勤修されます。

まず、年次の法会を一覧すると、正月の大般若転読会《だいはんにゃてんどくえ》から十二月の方広会に至るまで、二十を超える法会が行われています。このなかで、たとえば大般若会は読経中心の法要を勤める法会であり、修正会は懺悔《さんげ》中心の法要を勤める悔過《けか》法会、修二会も同じく悔過の法会です。彼岸会と仏生会は唄《ばい》・散華《さんげ》法要と呼ばれる法要を勤修しますが、東大寺では割合簡略化した形で勤修されています。御影供は弘法大師空海を供養する法会です。知識供や聖武天皇御忌会は経典を講じ、問答する講問論義の法要が勤められます。山陵祭・嘉祥会は唄・散華法要を勤め、前者は佐保山南陵で非常に簡単に行われます。さらに、俊乗忌では法華八講《ほっけはっこう》を、方広会では竪義論義《りゅうぎろんぎ》の法要を勤修するという具合に、法会は、法要という仏教儀式が中心になってとり行われるのが通例です。その法要は、宗派の理念に基づき、法会の催行目的によって形式や規模が定められております。

表1を、法要の内容でまとめると、次のようになります。

恒例　年次…読経会《どきょうえ》・悔過会・論義会（講問・竪義）
　　　月例…読経会・論義会（講問）・講式会
臨時　随時…論義会（庭儀舞楽付四箇法要《ていぎぶがくつきしかほうよう》）

右に多少の解説を加えれば、読経会は経典を読み上げて、その経説を銘記し具現化しようというものであり、悔過会は本尊への賛美礼拝を重ねて人間の罪障を懺悔し、そのうえでさまざまな願いが叶うように祈るものです。論義会は仏教の教えを講じ論じ、あるいは質疑応答することでより深く理解しようとするものです。

読経は本来僧侶の基本的な修行の一つとして定められた作法であり、悔過も同様に、僧侶の人間的な煩悩を消滅しようという修行の作法としてなくてはならぬものです。また論義が修学の基本課目であることは言うまでもありません。

仏教の聖典は経・律・論の三つに分類されますが、読経会、悔過会、論義会のそれぞれが、この経・律・論の実践作法に基づいて形成されたと考えられます。経典を読む作法から読経会が成立し、また、僧侶が自らの日常を振り返り懺悔をする、そこに悔過の作法が生まれ、その功徳を他の一切世界におよぼすという形で定着するのが悔過の法要です。論義会の場合は、僧侶同士が論疏をさまざまな形で研究しあい、切磋琢磨するための作法が基になって成立したと考えられます。この場合、たとえば、講説《こうせつ》して説き明かすという形もあり、あるいは講説した内容について質疑応答する形もあり、また試験という形態をとって自らの思考を開陳し、及落を定めるという竪義論義の形も形成されています。このような修行の本質に依拠したと思われる法要形式が東大寺では数多く勤修されていますが、そのあたりに、奈良時代以来の伝統を背負って今日に至ったこのお寺の性格をうかがい知ることができます。これは他の宗派の法会、そこで勤修される法要と比べたとき、東大寺の、ひいては南都の特色として挙げるべきことだろうと思います。

年中行事に対して臨時に行われる行事には、たとえば開山良弁僧正の千何百回忌であるとか、大仏殿の屋根の修復慶讃であるとか、そういう大きな節目にとり行われるものが挙げられます。このような場合、南都においては金堂の前（東大寺で申せば大仏殿の前）に舞楽台を設けて舞楽を演じ、それとともに僧侶が声明《しょうみょう》を唱え、最後にその舞楽台の上で報恩のための論義の法要（庭儀舞楽付四箇法要）を勤修するのが一般的ですが、これは奈良時代の大仏開眼供養会《だいぶつかいげんくようえ》以来の南都を代表する法要形式です。

このように東大寺の現行法会の形態を一見したとき、そこに、多くの法要形式の基本とも言うべき法要の勤修を主流とする実態が指摘されるのです。

## 二　法会の変遷

いま、「南都的な特色」、あるいは「大仏開眼供養会以来」などと表現しましたが、法会は何百年経っても何千年経っても、伝統を頑なに守ってその形をずっと伝え継いでいくかというと、必ずしもそうではありません。

時代の変遷を反映して、たとえば、社会構造が大きく変動すれば、法会の運営形態も影響されます。近い過去の例を挙げれば、第二次世界大戦後の社会変動によって受けた仏教行事のダメージは、はかり知ることができないほどでありました。そのときに中絶したまま、再興不能となった行事や、催行形態が一変した行事は日本全国にたくさんあり、社会情勢の変動によって法会が形を変え、盛衰を重ねるという姿を目のあたりに見ております。

また寺院における僧侶の組織、あるいは寺院運営上の仕組みが変わっていくことでも法会の形態に影響が起こってきます。法会を催すに際しては大きな経済的・人的基盤を必要とするわけですが、そのいかんによって法会の運営は大きく影響を被ることになるからです。

このような外的要因によって、法会の催行意義や目的が変わる場合もありますし、とり行う規模や場所、日取り、日数などに変化が生じます。またそれに伴って、勤修する法要の種類や次第《しだい》の広略、出仕する僧侶の数、僧侶の周りにいて法会に携わる人々の数など、さまざまな面に影響します。伝統を守るということの困難さは推して知るべし、というべきでしょう。

表1に戻って二、三の実例を挙げてみます。一月七日の「修正会」は、本来講堂で行われていたのですが、鎌倉時代には大仏殿でも行われたようです。しかし講堂が焼失してしまったために、大仏殿のみでとり行われる行事となり、現在は大仏殿で一月七日の一日だけ行われています。東大寺に残された史料を平安時代から鎌倉時代、江戸時代とたどってみると、その催行日数も『東大寺要録』以降鎌倉時代のものまでは、正月の一日から七日まで一七日間《いっしちにち》と記されていますが、江戸時代になると正月七日だけの行事に変わっています。法会開催の目的は変わらないけれども、開催の場所や日数（規模）が変化したひとつの例です。

また、どの宗派でも行われる四月八日の仏生会は、東大寺でも十二大会の一つとされた歴史のある法会です。古くは大仏殿で行う伎楽会《ぎがくえ》で、一大ページェントというべき華やかな法会だったようです。それが鎌倉時代以降になると、伎楽会ではなくなり「楽人」という表記から推察すると、雅楽の演奏が行われるようになっていたようです。大掛りな舞楽法会というよりは、荘厳のための雅楽演奏が行われたのではないか、と推測していますが、いずれにしても伎楽は行われない形になっています。現在の仏生会は唄・散華の法要で、導師が表白《ひょうびゃく》・祈句《きく》を唱えるだけの簡略な法要が勤修されています。これは法要の内容が大きく変化した事例です。

「聖武天皇御忌」は、本願の願主聖武天皇が亡くなられた忌日に記念と報恩のためにとり行う法会で、東大寺としては意義深い行事というべきものですが、これは平安・鎌倉時代には「御斎《ごさい》会《え》」と称されており、「御忌会」とは言っていません。しかし江戸時代の年中行事になると「御《ご》陵十講《りょうじっこう》」と記されており、御斎会と書かれていた頃には大仏殿でとり行われていた法要が、眉間寺でとり行われています。現在は天皇殿で最勝十講の法要をとり行っています。これは、法会催行の意義が、故人の追福から報恩へと比重を移したことを覗わせる一例です。

これらの例に見てきたように、寺院の歴史を担って継承され続ける法会といえども、時と共に変遷する可能性は否定できません。恒常と変動の両面から法会の流れを把握する重要さを、現在の事例は語っている、と思うのです。

## 三　悔過会の変遷

以上の一般論を踏まえて、以下、悔過会に視点を定めることとします。

前述のように、東大寺における悔過会には修正会と修二会がありますが、平安時代には、修正会として講堂と中門と羂索院《けんじゃくいん》でとり行われていたという記事が見られます。いずれも「七箇夜《なぬかや》」と記される行事でした。これが鎌倉時代から南北朝時代には、大仏殿と講堂、中門堂、法華堂でとり行われ、江戸末期の『年次行事』になると、大仏殿と新造屋《しんぞうのや》でとり行われています。そして現在は、大仏殿で行われる正月七日一日だけの法会になっています。

修二会の方は、寺伝によると天平勝宝四年（七五二）に実忠和尚《じっちゅうかしょう》が始行したとされており、ほぼ容認しうる説となっています。八世紀の半ばから始まったと言われるこの行事が、平安時代には二月堂で修二会として実際にとり行われており、鎌倉時代から南北朝時代にかけては、二月堂のほかに法華堂、中門堂でもとり行われていたこと、そして、江戸時代には二月堂と新造屋で行われ、現在は二月堂だけで行われているという変遷をたどっています。

悔過会では、基本的に「悔過作法」と称される法要が勤修されます。悔過作法の本来の意義は、本尊に対して罪障を懺悔して許していただくことにあったわけです。しかし悔過経典には、至心に懺悔して許しを乞えば本尊に納受され、さらにその功徳によって人間のさまざまな願いが叶えられるであろう、という経説が述べられています。実際に現世利益的な願望成就のさまざまが具体的に述べられていますから、懺悔の功徳が現世利益におよぶという思想は経説にあると考えてよいと思うのですが、古くから言われているように、日本における禊ぎ祓いの精神がそれに合致して悔過会というものが成立し、盛んに行われるようになったという経緯があったと考えてよいかと思います。

悔過会は日本全国のかなり広範囲の地域に残っていますが、現存している事例はすべて、修正会あるいは修二会という祈年《としごい》の法会としてとり行われています。例外は、私の知る限りでは見られません。わが国において、悔過会が、天下万民のためにその年の安穏豊穣を祈る法会として定着し広がっていったということは、容認してよいと思います。

## 四　「二時型」と「六時型」

各地の悔過会の構成を比較すると「二時型」「六時型」の二形態に分けられます。「二時型」は、初夜《しょや》、後夜《ごや》の二座の法要をとり行う形です。東大寺では大仏殿の修正会がこれに相当しますが、初夜の勤行として悔過作法を、後夜の勤行には大導師作法《だいどうしさほう》と称する、もっぱら祈願を込める法要が勤修されます。これに対する「六時型」とは、日中《にっちゅう》・日没《にちもつ》・初夜・半夜《はんや》・後夜・晨朝《じんじょう》と、一日六回悔過作法を繰り返して勤修するという形です。その代表的なものが二月堂の修二会です。

このほかに六時型の悔過会として挙げられる例はごく少なく、法隆寺金堂と東院堂の修正会と、薬師寺金堂の修二会が現在行われています。薬師寺では、かつて八幡宮で行われていた修正会も、六時型だったのではないかと考えております。また、松尾寺は修正会・修二会とも次第本で見る限りは六時型の勤行と考えられますが、現状の調査は許可されず、確認はできておりません。また、六時型であっても、日によって変則的な勤修の仕方をしている場合もあり、完全な六時型の悔過会の伝存事例は非常に少ないのが現状です。いま寺院名を挙げたことで明らかなように、六時型の事例が南都に集中しているというのも大きな特色です。

それでは二時型の特色はどうかということになりますが、次に掲げる悔過会の分布図（図1）

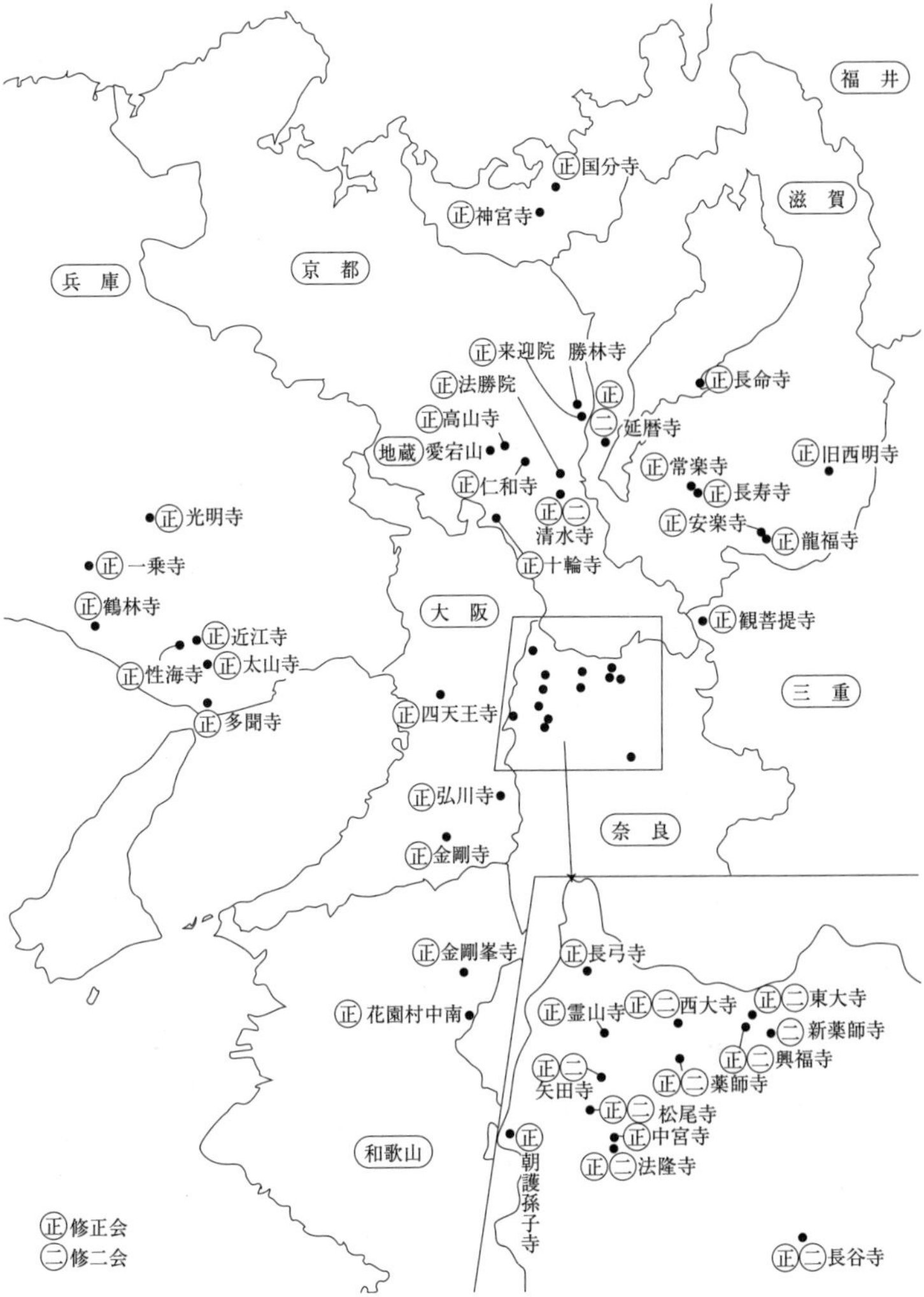


図1　近畿圏 悔過会分布図

に、近畿圏の事例を挙げました。かなりの数が残っています。さらに西へ行くと岡山県までこの帯が延びており、少し飛んで九州の国東《くにさき》半島にも残っています。東のほうでは東北の山形県、宮城県、岩手県あたりに点在して伝存しています。奈良周辺を中心地点として、東西に延びる帯状の線と、京都府北部から和歌山県に至る南北の線、言わば十文字の伝存地帯があり、なかでも近畿圏に集中しているという特色があるわけです。

南都の六時型の事例に、変則的な勤修形態もあると申しましたが、二時型にもさまざまに変化した形態が見られます。たとえば、二時型に神供《じんく》導師作法《どうしさほう》とか牛王《ごおう》導師作法《どうしさほう》とか、懺法《せんぽう》などの法要を加え大規模な法会構成にしたり、逆に本来は二座構成だったのを、より切り詰め、二座の法要を連続させて一座の法要形式にしてしまったものもあります。また大原の勝林院や来迎院、愛宕山、大和西大寺などでは、実際は二時型の悔過会でありながら、次第本の表題には「六時作法」と記されたものがあります。これは恐らく、六時型が悔過会本来のありようであり、遅れて成立した二時型の名目にその名残が留められたものであろうと考えています。

いずれにしろ南都に六時型が多く、そのほかの地域には圧倒的に二時型が多いのが現状ですが、六時型の方が悔過経典の経説に、より忠実な形態であることは明らかであり、二時型の場合は、叶えてほしいと願う祈願の部分が強調され肥大化して、新たに成立した一座の祈願の法要形式がより重視され、本来の六時の悔過作法は簡略化して、一座の悔過作法と一座の祈願作法という新しい形態が生まれ、定着したと考えられます。六時型の場合も、悔過作法を繰り返すだけではなく、六時の勤行の、初夜と後夜などの悔過作法に引き続いて、大導師作法と称する祈願の法要一座が勤修される形態が見受けられます。二月堂の修二会もこのかたちですが、これはおそらく本来の悔過作法の祈願の部分が強調されて一座の法要形式を成したものであろうと考えています。

## 五　二月堂の修二会

悔過会の伝存事例を通して、この法会を概観し、その中で南都的な特色というべき六時型に属する二月堂修二会に触れてきました。次に二月堂の修二会がどのように引き継がれ、どのように展開してきたかを考えてみることにします。先に述べた法会一般の変遷から考えても、まったく変化なしに千二百年を超える時代を経てきたということはあり得ませんし、実際その変化を指摘できる部分もあります。しかし一面では強固に守り伝えた部分が指摘され、この行事の存在感をより高めることにもなっているのです。

変化しなかった部分の第一に挙げるべきは「二《に》七日《しちにち》の行法《ぎょうぼう》」という法会の催行形態です。二七日という長期間、日々六時に悔過作法の勤修を欠かさず、本尊十一面観音に対して懺悔の称《しょう》名《みょう》礼拝《らいはい》を捧げるというのは、苦行以外の何物でもありません。しかもその間、厳重な結界と別《べっ》火《か》で俗世の穢れを厳しく排除して行法をとり行うという斎潔性も変わっていません。さらに、非常に自立性の濃い法会の運営によって外部からの介入を除き、参籠《さんろう》した集団がすべての責任をもって運営していくという方針が貫かれています。

さらに特記すべきは、この法会についての「不退《ふたい》の行法」という認識と自負です。一年たりとも欠いてはならぬ法会という認識は常に非常に強固で、東大寺自体の経済的な危機や戦乱・火災などに遭遇した時、他の法会はすべて中断しても、修二会だけは参籠集団の涙ぐましい努力で継続を果たしています。時代が下るにつれて、参籠僧の数が不足し、必要最少の人数をそろえることもできそうにない、というところまで追い詰められた時期もあります。しかし、そのたびに存続を果たした。そこには、僧侶集団における「不退の行法」という認識が常にはたらいていますし、乗り越えるたびに自負が深まったことも想像されます。

十六世紀のごく初期、永正七年（一五一〇）に二月堂から出火します。これによって参籠集団に危機感がはたらいたのだと思いますが、それまではずっと口伝に頼って継承されてきた修二会に関する覚書とか作法の次第本、あるいは所作に関する注意書きや、役ごとの作法書などが急激に増えてきます。このような現象も、「不退の行法」という強い自負に促され、あらまほしい法会の継承のために、という思いを示しているように思います。

しかしながら、変化せざるをえないところが出てくるのも必然のことです。たとえば「二七日の行法」は、本来上七日と下七日の七日ごとに区切って勤修しており、前半七日間を勤める僧侶と後半七日間を勤める僧侶とが、一部交代する習わしでした。時代が下るに従って参籠僧の数が減少する傾向が現れ、十八世紀の初め頃からは、上七日と下七日を通して参籠する例が急激に増えます。

また、参籠衆の口数も、十六世紀の末ぐらいまでは二十名以上が常態であり、多いときには二十五～二十六人が籠ったという例もあります。しかし十五世紀の末から参籠の人数が減り、一旦盛り返して十六世紀には増加の傾向も読み取れますが、十七世紀の初め頃には再び参籠数激減の状況が出現します。その結果参籠衆が途中で交替することが不可能にもなりますし、参籠の人数が減ったために所役の担当などいろいろな形でやりくりをしなければいけないという状況も生まれるという悪循環に陥ります。

寺内組織を反映して、かつては参籠の学侶は北座、堂僧は南座という堂内での座席配置の区別があったようですが、明治以降は、学侶・堂僧という身分的な区別がなくなるといった参籠形態の変化もあります。

## 六　悔過作法の変化

以上、参籠形態に見られる史的変化の一端をかいつまんでたどってきたわけですが、以下法要の勤修形態に目を向けてみます。

現在、二月堂修二会での法要の勤修形態は、悔過作法に限っても次第・詞章・フシの正略やそ

表2　十一面悔過作法―称名悔過―の詞章

| 区分 | 十一面神呪心経 | 東大寺 |
|---|---|---|
| A | ― | 南無毘盧舎那仏 |
| | ― | 遍周法界盧舎那仏 |
| | ― | 登霞聖霊成正覚 |
| | ― | 恩徳広大不可量 |
| | ― | 令法久住利有情 |
| | ― | 補陀落山観音宝殿釈迦尊 |
| | ― | 当来教主慈氏尊 |
| | ― | 去来現在常住三宝 |
| B | 敬礼聖智海遍照荘厳王如来 | 聖智海遍照荘厳王如来 |
| | 敬礼一切如来応正等覚 | 一切如来応正等覚 |
| | ― | 金光師子遊戯如来 |
| | 有仏出世、名百蓮花眼無障礙頂熾盛功徳光王如来 | 白蓮華眼無障礙頂熾盛功徳光王如来 |
| | 復過於此有仏出世、名美音香如来 | 万徳円満美音香如来 |
| | ― | 観音本師阿弥陀如来 |
| | ― | 観音本体正法明如来 |

の組み合わせ方、所作に至る多彩さが際立っています。ただ、この勤修形態の変遷を具体的に知る史料が少ないため、南北朝期以前にさかのぼることはできないのが現状です。ここで述べるのは十五世紀半ば以降の変遷の、ごく一端ということになります。

十一面悔過作法というのは、実忠和尚が『十《じゅう》一面神呪心経《いちめんじんじゅしんぎょう》』を基にしてつくった作法だという寺伝がありますが、表2に、『十一面神呪心経』と法要の中心部に当たる［称名悔過《しょうみょうけか》］の詞章を掲げました。区分Aの詞章は法要の定型的祈句で、経文との直接的な関連はありません。区分B以下を比較して見ると、『十一面神呪心経』との関連の濃い法要であろうことが納得できる詞章構成となっていますし、この後の部分（［発願］や［諸願］の段）には、より濃厚な関連を読み取ることもできます。

| 段 | 詞章（上段） | 唱句（下段） |
| --- | --- | --- |
| | ― | 普光功徳仙王如来 |
| | ― | 舎利形像補図宝塔 |
| C | ― | 十一面神呪心経 |
| C | ― | 十一倶胝諸仏所説神呪心経 |
| C | 此神呪心一切諸仏同所称讃同所随喜 | 南無一切諸仏同讃随喜 |
| C | 一切如来憶持守護 | 南無一切如来憶持守護 |
| C | 我身作大居士…便於生死超四万劫誦持此呪 | 南無居士生死超四万劫 |
| C | 由此威力能救一切… | 南無沙婆世界能化主 |
| C | ― | 南無十一面大悲者 |
| D | 当前三面作慈悲相 | 南無当前三面慈悲相 |
| D | 当前慈悲面…自身上所求如意 | ― |
| D | 当前慈悲面…所患除愈悪鬼退散 | ― |
| D | 左辺三面作瞋怒相 | 南無左辺三面瞋怒相 |
| D | 左辺瞋面…令怨賊軍不得前進 | ― |

　また、図2として各地に伝存するに十一面悔過の分布を示しました。一見して圧倒的に南都に集中していることがわかりますが、そのいずれの詞章も『十一面神呪心経』との近縁性が確認されています。この現状は、十一面悔過法要が南都で、『十一面神呪心経』に基づいて形を成した可能性を考える糸口を示しているようにも思います。

　しかし、詞章もやはり不変のものではありません。たとえば〔称名悔過〕に続く〔宝号《ほうごう》〕は、本尊の御名を唱えながら礼拝を繰り返す段ですが、二月堂の場合は唱句が「南無観自在菩薩」「南無観自在」「南無観」の三段構成になっていて、繰り返しの回数は「南無観自在菩薩」が二十四遍、「南無観自在」が二十一遍、また「南無観」が十九遍ほどというのが現状です。しかし文明十年の奥書のある次第本には、それぞれ五十遍、三十遍、二十遍と記され、さらにそのあとに、「上南無」

| | | |
|---|---|---|
| D | 右辺三面作白牙上出相 | 南無右辺三面白牙相 |
| | 当後一面作暴悪大笑相 | 南無当後一面慕咲相 |
| | 頂上一面作仏面像 | 南無頂上一面如来相 |
| | 最上仏面…能令疫病一切消除 | 南無頂上仏面除疫病 |
| | —— | 南無最上仏面願満足 |
| | 諸頭冠中皆作仏身 | 南無諸頭冠中住化仏 |
| | 左手執紅蓮花軍持 | 南無左紅蓮華鉀持手 |
| | 展右臂以掛数珠及作施無畏手 | 南無右桂数珠施無畏手 |
| | 具瓔珞等種種荘厳 | 南無衆宝瓔珞荘厳体 |
| | —— | 南無無量神仙所囲繞 |
| | —— | 南無大慈悲説根本等呪 |
| E | 為欲利益安楽諸有情故説此神呪 | 南無利益安楽諸有情 |

という一段が加わって四段構成になっているのです。

これとは逆に、現在［宝号］の最後に唱える「観音要文」の文言は古い次第本には記載がありません。

この事実を次第本でたどってくると、実際に「上南無」を唱えていた時代から、それが唱えられなくなって、代わりに「観音要文」の部分を「上南無」と称していたらしい時代、さらにこの部分に「観音要文」という名称が与えられるようになった時代、という史的な変化を見ることができます。

このように、［宝号］の詞章だけを取り上げても、時と共に移り変わる姿が浮かび上がり、儀式として定着しつつ、なお展開するさまを知るわけです。

礼拝の所作は、悔過作法で重要な意味をもつわけですが、礼拝も変化を免れなかったようです。十六世紀の初めごろまでは、四職《ししき》と呼ばれる四人の役職者を含めた全員が、［称名悔過］や［宝

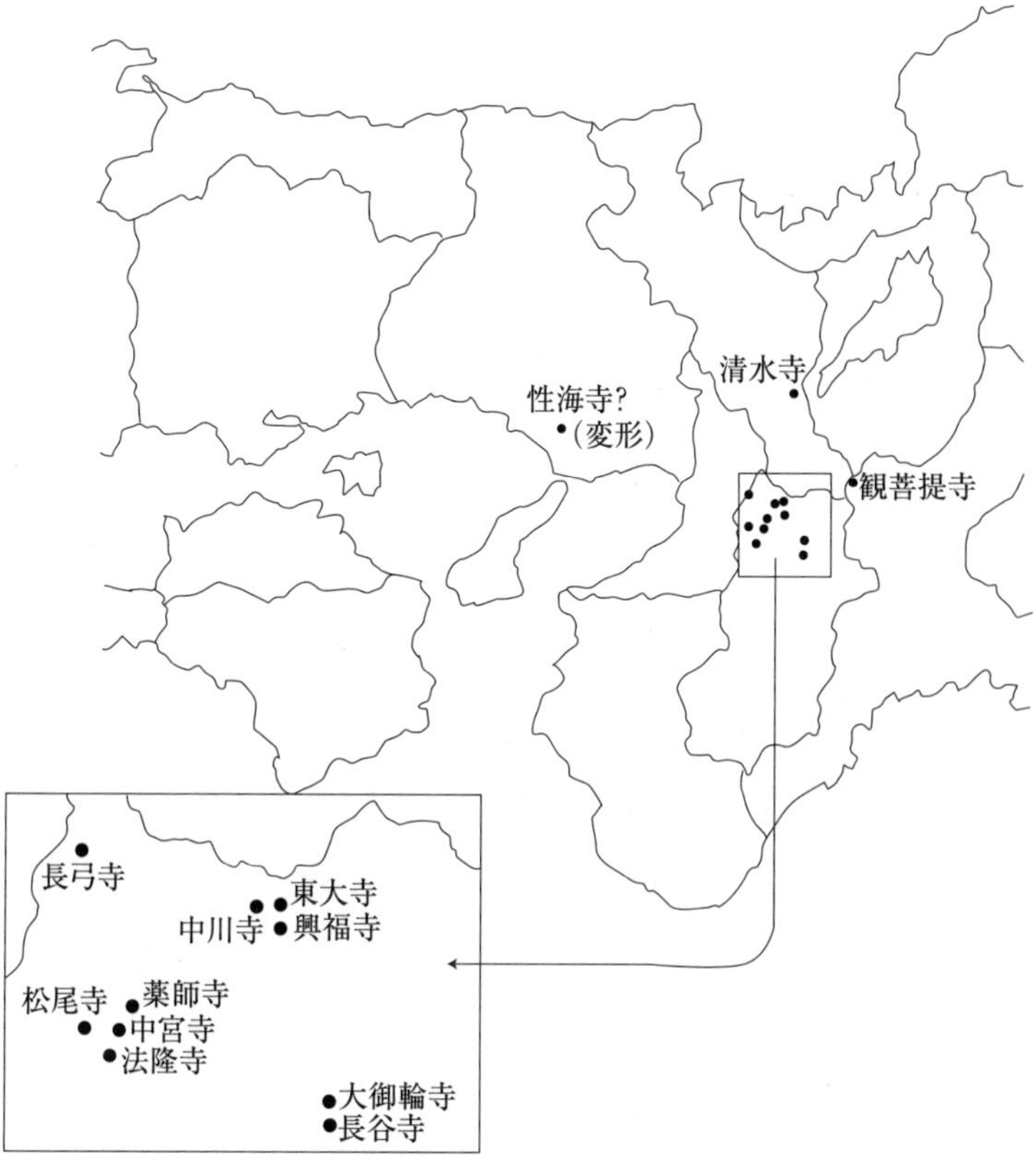
清水寺
性海寺?
(変形)
観菩提寺
長弓寺
東大寺
中川寺
興福寺
松尾寺
薬師寺
中宮寺
法隆寺
大御輪寺
長谷寺

図２　十一面悔過分布図

号」で一唱一礼《いっしょういちらい》（一句唱えるごとに五体投地の礼拝をする作法）を行っていたと考えられます。しかし次第に、四職はそれを免除される傾向が顕在化してきます。「体調の悪いときはしなくてよい」と特記される段階を経て、江戸中期になると「次第時」「常」など、勤修形式の正略が定まり、その頃になると四職の五体投地礼を免除する作法が定着します。悔過作法の意義を思えば、大きいと言える変化が所作に及んだ一例です。

このように、不退の行法という確固とした認識の下に継承され続けてきた二月堂修二会の悔過作法といえども、変わらない部分と変わる部分との両面をもっているわけであります。しかし、その両面を改めて確認すると、法会の根幹を成す事柄に関しては変えないという認識はどのような状況に置かれても失われなかったと思われます。二七日の勤行という本来の形態は変えない、六時の悔過作法の勤修は変えない、別火精進という厳格な精進の参籠形態は変えない、一年たりとも欠かさず勤める、それはどんなに苦しい時代でも貫き通す、など。このような根幹部分における恒常性を保つ姿勢は類のないものと言えましょう。一方、変化した部分を見ると、参籠の人数は情勢に応じて増減する、所役は繰り合わせて切り抜ける、しかしなすべきことは放擲しない、僧侶の身分・階級などは、時に応じて従う、など、臨機応変の姿勢が読み取れます。法要の勤修形式にしても、六時の勤行のそれぞれに正略の別を設け、変化させ得る部分は工夫を凝らして変化させています。

**東大寺　二月堂　修二会　悔過作法：五体投地礼**／悔過の心情を表す礼拝の所作の中で、最も丁重なもの。数珠を高く揉み上げ（上）、全身を投げ伏して礼拝する（下）。／提供：東京国立文化財研究所

長い歴史を生き抜いて現在ある二月堂の修二会が、さまざまな面で他の悔過会に抜きんでた存在だということは周知のことですが、ことに、悔過会の本質的要素を実態として残している点は、これまでに挙げた例でも明らかなように、際立っています。付け加えれば、悔過作法にみる懺悔の色彩の濃さも際立ったものがあります。先に取り上げた［宝号］にしても、他の寺院でこれほど数多く宝号を繰り返すところはありません。本尊をほめ称えながら礼拝を重ねて、懺悔の気持ちを具体的に表現するという作法にたいへん力を入れていることが明らかです。それに対してさまざまな願意を列記する部分では本来の唱句をそれぞれ前半だけ唱えて後半を省き、願望表現の色彩を薄めているという特色が指摘されます。

他の寺院の場合、願意表出の唱句を非常に多く連ね、願いごとの実現を祈ることに重点が置かれた勤修形式と理解されるのです。至心に懺悔すれば、その功徳が巡り及んで諸願望の成就に至る、という経説に立脚しながら、二月堂の修二会は懺悔の表出を重視し、他の悔過会では願意表現に重点を置く。両者の対照的な詞章表現は、それぞれの法要の性格の違いをも暗示している、と考えることができましょう。

二月堂修二会の特色をこのようにたどってみると、南都の法会の歴史を探るための生きた事例という側面が印象づけられ、南都の諸法会のなかでもとくに基準的な法会として追究を重ねるべき存在であろうと思っております。

# 寺院社会史の視点からみる中世の法会

永村　眞

## はじめに

寺院社会史という立場から中世の寺院社会に踏み込もうとすると、いわゆる組織論や経済構造論だけではその実像をとらえきれない限界にしばしば直面します(1)。つまり、寺院社会の組織や経済的な構造を解明し、世俗権力としての実像をとらえることは重要な作業ですが、このような視点から宗教的機能を軸とする寺院の機能を語り尽くすことは困難なのです。そこで、寺院社会の根幹をなす宗教的機能に立ち戻り、そこから多様な諸活動を見直す必要があります。いうまでもなく、寺院社会は仏法と離れては存続できない以上、果たすべき基本的な機能が仏法伝持《でんじ》であることは確かです。そこで、仏法伝持の機能を実現する具体的な活動として、仏法の功徳を象徴的に示す宗教儀礼としての法会と、法会の勤修《ごんしゅう》を支える寺僧の教学活動に注目したいと思います。また、世俗から教学にわたる幅広い内容・形式をもつ寺院史料を素材にして、法会勤修と教学活動を柱に、寺院社会の構造と存続を跡づけることにします。

以上の基本的姿勢のもと、本稿では中世東大寺において勤修された論義会《ろんぎえ》と二月堂修二会《しゅにえ》とを中心に、それらが果たした役割と寺僧にとっての存在意義について、寺院社会側に視座をすえて検討を加えることにします。なお、今日の東大寺を代表する法会として知られる二月堂修二会は、結論的に言うならば、草創された奈良時代からそのような位置を占めていたわけではありません。そこで、他の法要形態をもつ法会との対比のなかで、二月堂修二会の役割に言及したいと思います。

## 一　東大寺における諸法会

### 1　年中行事と法会

寺院が寺院として存続するうえで不可欠な宗教活動こそが、法会であると言えます。寺院社会が成立し存続するに必須の要素である仏・法・僧三宝が、本尊・次第《しだい》・職衆《しきしゅう》という形をとり、一体化した姿を現わす場こそ法会にほかなりません。寺院は恒例・臨時の法会を催すことにより、仏法伝持と自らの宗教的機能を寺内外に顕示してきたのです。

平安時代以降の東大寺において勤修された恒例の諸法会は、年中行事記のなかに確認することができます。以下に毎年二月に勤修された二月堂修二会に関わる記事を引用しますが、これらのうち、「東大寺要録」に収められるA・B（付表）は、各々平安前期と平安院政期の、Cは鎌倉中・後期の寺内諸法会の構成と内実を物語るものです。

A「東大寺要録」年中節会《ねんちゅうせちえ》支度《したく》　寛平年中日記

二月堂二七日、仏僧供、可レ随二入行僧一、在二支度一、

B「東大寺要録」諸会章《しょえのしょう》

修二月　始レ自二朔日一、二七日、於二上院一修レ之、

C「東大寺年中行事」二月項

二月　自二一日一二月堂行法二七箇日夜、

乃米五石四斗二升五合、御堂斗定、但員数随レ年、　上七日大供料大炊請レ之、

延定六石七斗五升八合七夕五才、

佛聖二口　練行衆廿六口　外司二口　管数一口小綱

合卅一口　一日口別二升五合宛レ之、御堂斗定、御堂斗一斗八延寺斗一斗一升五合、一升八一升一合五夕、

（中略）

近年自丁二日被レ行レ之、

自十五日法花堂修二月行法在レ之、七ヶ夜、呪師鬼走、

自二十五日一中門堂修二月行法在レ之、自二正応五年一呪師走在レ之、

右の年中行事により勤修される諸法会を俯瞰すると、個々の法会の存在は言うに及ばず、勤修

# 付表　寺内諸法会の実際（平安前期〈A〉、平安院政期〈B〉）

## A「東大寺要録」諸会章之余（年中節会支度）

| 月 | 日 | 会称 | 備考 |
|---|---|---|---|
| 正 | ― | 元節 | 於食堂、 |
| | ― | 政所節供 | |
| | ― | 造司節供 | |
| | ― | 講堂修正月 | |
| | 8 | 吉祥御願 | 於吉祥堂→羂索院 |
| | | 散説 | 於講堂、 |
| | ― | 望粥 | 上司、下司、 |
| | ― | 当月仏供雑用 | |
| 2 | ― | 二月堂二七日 | |
| | ― | 当月仏供雑用 | |
| 3 | 3 | 三日節 | |
| | 14 | 華厳会 | |
| | ― | 当月仏供雑用 | |

## B「東大寺要録」諸会章（年中行事次第）

| 月 | 日 | 会称 | 備考 |
|---|---|---|---|
| 正 | 1 | 政所朝拝 | |
| | | 食堂朝拝 | |
| | | 元節供 | |
| | | 講堂修正 | 七ヶ夜 |
| | | 中門修正 | 七ヶ夜、東南院僧、 |
| | 6 | 薪迎楽人 | |
| | 8 | 吉祥御願 | 七ヶ夜、於羂索院、 |
| | | 散説 | 七ヶ日、於講堂 |
| | 14 | 布薩 | 毎月四ヶ日、於講堂、 |
| | 15 | 望粥 | |
| | 吉 | 大仁王会 | |
| 2 | 1 | 修二会 | 二七日、上院 |
| | 20 | 八幡宮御八講 | 四ヶ日、諸宗学徒七十口、 |
| | ― | 八幡宮彼岸 | |
| 3 | 3 | 節供 | 於食堂、 |
| | 14 | 華厳会 | 職衆百八十口、 |
| | 16 | 法華会 | 於羂索院→講堂 |

| 月 | 日 | 法会 |
|---|---|---|
| 4 | 8 | 伎楽会 |
| | 15 | 安居 |
| | — | 神祭 |
| | — | 当月仏供雑用 |
| 5 | 2 | 御斎会 |
| | 5 | 五日節 |
| | — | 当月仏供雑用 |
| 6 | 14 | 万花会 |
| | 23 | 千花会 |
| | 25 | 大掃除 |
| | 28 | 解除会 |
| | — | 当月仏供雑用 |
| 7 | 7 | 七日節 |
| | 14 | 自恣 |
| | 15 | 伎楽会 |
| | | 安居終講法用 |
| | 19 | 梵網会 |
| | — | 当月仏供雑用 |
| 8 | 11 | 功徳経 |

| 月 | 日 | 法会 | 備考 |
|---|---|---|---|
| 4 | 1 | 大般若経読経 | 至八月三十日、於食堂、 |
| | 8 | 伎楽会 | 於大仏殿、 |
| | | 講浴像経 | 於羂索院、 |
| | 15 | 夏講 | 於大仏殿、 |
| | 吉 | 春季神祭 | |
| | — | 授戒会 | |
| 5 | 2 | 御斎会 | 於大仏殿、 |
| | 5 | 節供 | 於食堂、 |
| | — | 小五月会 | 於八幡宮、 |
| 6 | 14 | 万花会 | 於大仏殿、 |
| | 23 | 千花会 | 於羂索院、 |
| | 25 | 大掃除 | |
| | 28 | 解除会 | 於講堂、 |
| 7 | 7 | 節供 | |
| | 14 | 自恣 | 於大仏殿、 |
| | 15 | 伎楽会 | 於大仏殿、 |
| | | 夏講結願 | 於大仏殿、 |
| | | 盂蘭盆講 | 於羂索院、 |
| | 19 | 梵網会 | 於戒壇院北堂、 |
| 8 | 11 | 講功徳経 | 於羂索院、華厳宗、 |

| | | | |
|---|---|---|---|
| | ｜ | 当月仏供雑用 | |
| 9 | 3 | 八幡宮祭 | |
| | 9 | 九日節供 | |
| | 15 | 般若会 | |
| | ｜ | 当月仏供雑用 | |
| 10 | ｜ | 当月仏供雑用 | |
| 11 | 14 | 千燈会 | |
| | ｜ | 神祭 | |
| | ｜ | 当月仏供雑用 | |
| 12 | 8 | 温室節 | |
| | 14 | 万燈会 | |
| | ｜ | 歳末読経 | 上司、下司、 |
| | ｜ | 歳末祭 | |
| | ｜ | 山陵読経 | |
| | ｜ | 造司疫神祭 | |
| | ｜ | 法華会 | |
| | ｜ | 授戒 | |

| | | | |
|---|---|---|---|
| | 20 | 八幡宮御八講 | 四ヶ日 |
| | ｜ | 八幡宮彼岸 | |
| 9 | 3 | 手掻会 | |
| | 9 | 節供 | 於食堂、 |
| | 15 | 般若会 | 於大仏殿、 |
| 10 | 18 | 龍樹供 | 於東南院、三論宗、 |
| | 25 | 同法供 | 於講堂、 |
| 11 | 14 | 千燈会 | 於羂索院、 |
| | 16 | 華厳講 | 於羂索院、華厳宗、 |
| | ｜ | 冬季神祭 | |
| | 吉 | 三十講 | 於政所坊、諸宗学徒、 |
| 12 | 8 | 温室節 | 於食堂、 |
| | 14 | 万燈会 | 於大仏殿 |
| | 15 | 方広会 | 於講堂、学衆始役也、 |
| | 29 | 上政所歳末読経 | |
| | | 下政所歳末読経 | |
| | 晦 | 諸神供料 | |
| | ｜ | 山陵読経 | |

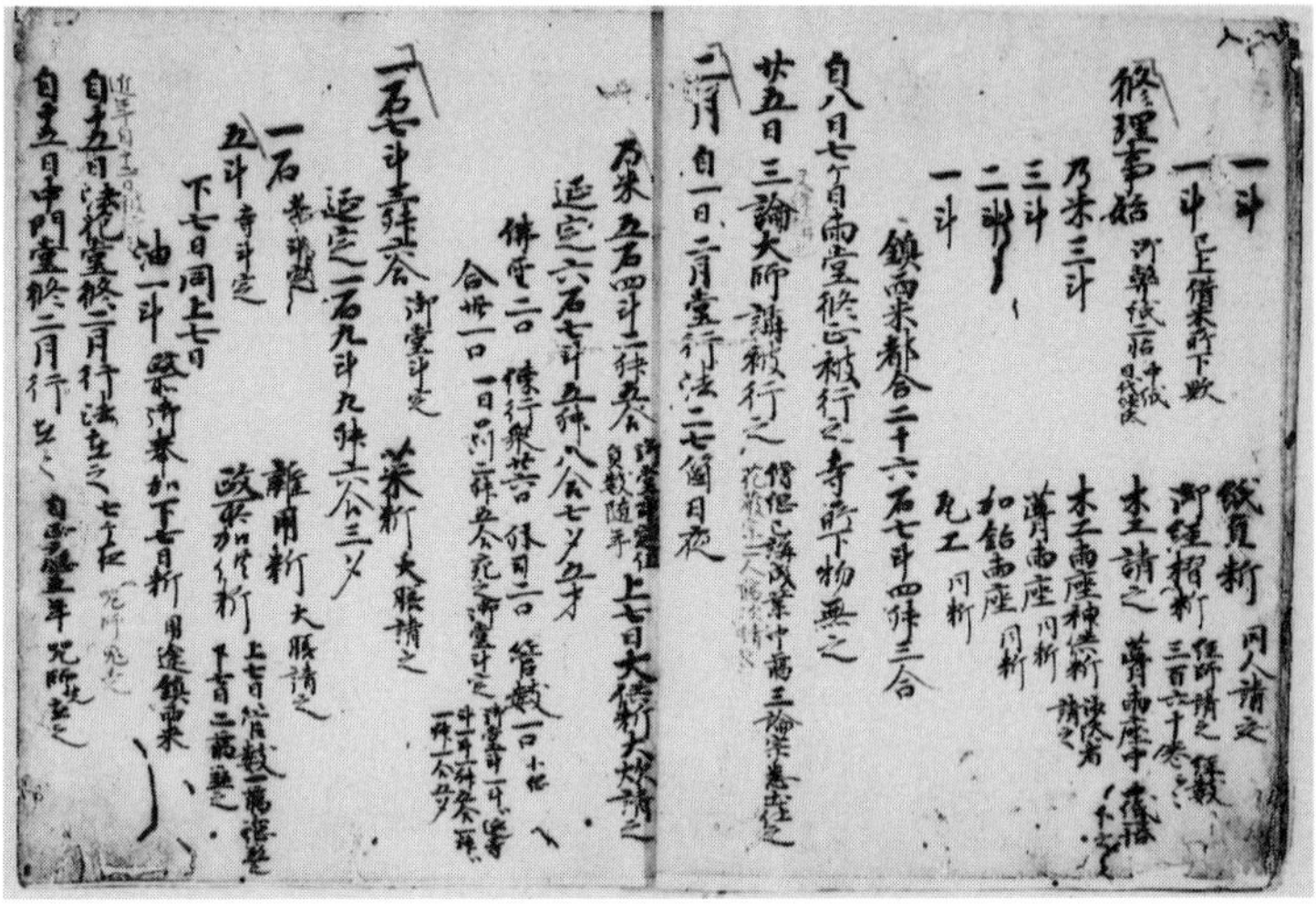

図1　寺内諸法会の実際（鎌倉中・後期）

の環境・形態を確認することができます。たとえば、奈良時代に創始されたとする二月堂修二会について、Aの「二月堂二七日」という表現から、少なくとも平安中期には二月堂修二会の年中行事としての勤修が定着し、しかもBと併せるならば、「上院」堂宇が「二月堂」、つまり「修二月」会の専用道場と認識されていたこと、またCから、鎌倉後期における修二会の練行衆《れんぎょうしゅう》は「廿六口、外司二口」という数に及び、さらに二月一日から「二《に》七箇日夜《しちかにちや》」にわたる「二月堂行法《ぎょうぼう》」が結願するや、二月十五日から法華堂・中門堂における一七箇日の「修二月」の行法が勤修されていたこと、つまり修二会は二月堂に限るものではなかったことなどが明らかになってきます。

このように年中行事記には、正月より十二

月までに配置された恒例の法会名が月・日にかけて掲げられ、各々の式日・会場《えじょう》・請僧《しょうそう》・員《いん》数《ずう》・供料《ぐりょう》・供料所や所作次第が付記されています。年中行事記に列記された諸法会は、そのすべてが毎年欠けることなく勤修されたとは言えないのですが、少なくとも勤修すべき法会と認識され、空間的・人的・経済的な条件が整えられていたと考えられます。したがってこれらの年中行事記は、古代・中世の東大寺において勤修された諸法会の、全体像と個々の細目を語る貴重な史料といえるのです。

## 2　法会の分類

年中行事を掲げる「東大寺要録」「東大寺年中行事」の記事を比較すると、平安前期の「寛平年中日記」（A）から院政期の「諸会章」（B）に移行する過程で、「諸宗学徒七十人」による「八幡宮御八講」（二月・八月）、三論宗徒による東南院で催された「龍樹供《りゅうじゅぐ》」（十月）、華厳宗徒により羂索院《けんじゃくいん》で催された「華厳講《けごんこう》」（十一月）、「諸宗学徒」が政所坊で勤修した「三十講」（倶舎《くしゃ》三十講《さんじっこう》、同月）等々、諸宗や院家により催される諸法会が登場しています。また、院政期から鎌倉後期の「東大寺年中行事」（C）に移るなかで、世親講《せしんこう》・倶舎三十講・因明講《いんみょうこう》・三季講《さんきこう》などの諸「講」が少なからず創始されたことが知られます（「東大寺続要録」仏法篇）。すなわち年中行事記から、時代とともに新たな法会の成立を確認することができるのです。

　このように時代とともに新たな法会が登場したわけですが、その背景には教学活動の変化があったことを見過ごすことはできません。仏教伝来より成長をとげた寺院社会が仏法を受容した、その形と質が宗教儀礼としての法会に反映されたと考えられます。

「法会」とは寺僧の所作により構成される「法要」を核とし、単一もしくは複数の「法要」の組み合わせにより、さらに楽・舞など俗人による「法楽《ほうらく》」の所作がこれに加わって成立するものです。そこで多様な「法会」は、その核をなす「法要」によって性格づけられると言えましょう。

「東大寺年中行事」を通覧しながら「法要」形式を大別するならば、

(1)読経《どきょう》（大仁王会《だいにんのうえ》・大般若転読《だいはんにゃてんどく》）
(2)悔過《けか》（修正・修二会）
(3)講説《こうぜつ》（華厳会・御斎会《ごさいえ》・梵網会《ぼんもうえ》）
(4)論義《ろんぎ》（法華会・御八講《みはっこう》・世親講・倶舎三十講）
(5)修法《すほう》（大仏殿長日最勝講《だいぶつでんじょうにちさいしょうこう》）
(6)説戒《せっかい》（布薩《ふさつ》・自恣《じし》）

とすることができます。これらのなかで、読経・講説は仏教受容の過程で寺院に定着した「法要」であり、悔過は奈良時代より勤修されています。ところが、修法が広まるのは平安中期以降、すでに奈良時代には見られる論義が盛んに勤修されるのは平安院政期以降、同じく説戒が実質的に催されるのも鎌倉中期以降ということになります。すなわち、寺院社会による仏教潮流の受容とその浸透を背景として、教学に対しては受け身の読経から、より能動的な講説さらに論義へと、また新たな密教（純密）の請来による修法が、さらに戒律復興の機運のなかで説戒が盛んに勤修されることになったと考えられるのです。各時代の寺院社会が積極的に催す「法要」の形式は、やはり時代相応の教学受容のあり方を反映したものと理解すべきでしょう。

このように、時代とともに主要な「法要」形式に変遷が見られる法会なのですが、それらを支える寺院社会側に視点をおいて、勤修形態という指標によってさらに別の分類を試みてみたいと思います。

年中行事記には個々の法会を勤修するための要件が列記されており、「東大寺要録」第五「寛平年中日記」の冒頭には、

一元節
容備料米在二別支度一、但彼日食堂随レ員、
太僧
一人料
餅十枚　干飯八升四升見、干飯四升、代米二升、
餉三枚　酒一升　芋子一升代米五合、
大豆一升　和布一帖直一升、　雑菜三盛
信布半端　餺飩一升代五合、　大根一把代一升、

とあるように、「元節《がんせち》」にあたり「太僧《たいそう》」に給与すべき料物が掲げられています。「太僧」とは寺

家の僧名帳（寺僧帳）に法名を掲げる一人前の寺僧であり、正月の「元節」「望粥《もちがゆ》」をはじめ三月・五月・七月・九月・十二月の節会、華厳会以下の十二大会、神祭や歳末御読経には、一律に料物《りようもつ》（「一人料」）が下行されることになっていました。ところがAに掲げた二月堂修二会の場合、「諸仏供、可レ随二入行僧一」とあるように、「入行僧《にゆうぎようそう》」つまり練行衆の員数にしたがい「仏供」が下行《げぎよう》される定めとなっていました。このように請僧のみに供料が下行される法会は、二月堂修二会のほかに、「講堂修正月」「吉祥御願《きちじようぎよがん》」「散説《さんぜつ》」「自恣」「授戒」などが見られます。

すなわち、供料下行という視点から「寛平年中日記」に列記される諸法会を一覧するならば、

a　太僧へ供料下行がなされる法会

b　請僧へ供料下行がなされる法会

に大別されます。そして請僧のみが関わるbよりも、「太僧」が挙って参画する形をとるaの方が、勤修規模の大きい、寺家にとってはより重要な法会ということになりましょう。そして「寛平年中日記」が成立した平安前期の寺内で勤修される諸法会は、寺家にとっての存在意義や由緒という基準によって階層化されており、法会の勤修規模や請僧の範囲にも差異が設けられていたと考えることができるのです。

個々の法会が寺内諸法会のなかで占める位置や勤修規模は、その創始や勤修の由緒に大きく規定されました。とりわけ法会を誰が発願《ほつがん》し、誰がその勤修を支えたのかによって、法会の寺内における位置が決まると考えられるのです。そして年中行事記を一覧する限り、諸法会を主催する

主体は、
（1）公家《こうけ》
（2）寺家《じけ》
（3）院家《いんげ》
（4）結衆《けつしゅう》
に大別されます。まず（1）としては、「縁起文云、伏尋二法会興由一、建二立伽藍一大檀主勝宝感神聖武皇帝、奉二為中宮聖母報恩一、料田八町入レ于二各十三大寺一、倶将二来世一、常当二周忌一、永期二日月一遠限二天地一、開二心地之玄門一、結二戒蔵之軌網一、毎年今日、令レ講二梵網奥旨一者也」（「東大寺要録」諸会章）として、聖武天皇が母宮子の追善のため、東大寺を含む十三大寺で創始した梵網会があげられます。ただし公家の御願によって創始された梵網会ですが、少なくとも平安中期以降、公家が施入した「料田」により勤修されることはありませんでした。鎌倉時代以降の東大寺にあって、公家の発願と負担によって勤修された法会は、建久五年に催された臨時の大仏殿惣供養が数少ない事例としてあります（「東大寺続要録」造仏篇）。

次に（2）としては、華厳会がこれに該当します。三月の華厳会と九月の般若会は、延喜式に「官人・史生各一人、率二楽人等一供奉」と定められていました。また華厳会には鎌倉時代以降にも官使と楽人の下向が見られ、「楽・舞」のみが勅修と言えるのですが、その開催自体に公家が直接関わることはなく、あくまで寺家により催され、寺領によって支えられた法会でした。

また（3）としては、先述の東南院を道場として三論宗徒により勤修された龍樹供があげられます。このような論義会は、院家が自「宗」の教学活動を継承するため、宗僧を招請して催したもので、鎌倉時代以降の東大寺においては、東南院問題講・新院談義講・三論三十講・三面僧坊法華義疏談義（同前）や華厳宗八講（「東大寺年中行事」）などが見出されます。

さらに（4）としては、「入行僧」（練行衆）により継修された二月堂修二会や、世親講衆によって支えられた世親講がその好例でしょう。練行衆や講衆という寺僧集団（結衆）は、合議に基づいて法会を勤修し、また財源としての料所を経営してその実現を図ったのです。

すなわち、法会を主催する主体として公家・寺家・院家・結衆があり、しかも公家主催の法会が結衆主催の法会よりも高い位置に置かれたことは言うまでもありません。ただし法会の次第作法をになう寺僧にとって、法会の位置が法会の意義と直結するものではなかったことには留意すべきでしょう。たとえば院家主催の法会は、寺僧にとって修学活動の重要な場としてあったが故に、多くが創始され継承されたのです。

以上のように、指標の取り方により法会にいくつかの分類が可能となり、これらの分類は、法会が寺内でいかなる位置を与えられているかを推測する一つの手段ともなります。

ここで平安院政期以降の東大寺の諸法会に目を向けるならば、その「法要」形式の多くが、講説と論義であることを知ることができます。つまり、教学の理解を深める術を次第のなかに組み込んだ法会、とりわけ論義が、東大寺では最も重視された「法要」形式であると言えましょう。

これは東大寺図書館に架蔵される経巻・聖教類の過半が、論義に関わる史料で占められていることからも裏づけられます。

これに対し、悔過という法要形式をもち、結衆により維持され、練行衆のみが供料にあずかる二月堂修二会は、古代から中世の東大寺にあって、十二大会に肩を並べる中核的法会とは言い難いと考えられます。すなわち、寺僧の教学活動に密着した講説・論義に対して、衆生に回向すべき功徳を実現する悔過会としての修二会は、東大寺ではむしろ特異な法会と言えます。そこで学侶の教学活動と密接に関わりをもつ論義会と、悔過会として存続した修二会の各々について、以下に検討を重ねることにします。

## 二　論義会と学侶

### 1　「談義」「講」「論義」会

中世における南都北嶺の寺院社会では、教学の真髄を究める術として問答を重視し、論義会をはじめとして、問答を交わす形態をとる教学活動が寺内で盛んに催されていました。そこで東大寺における寺僧の修学の場である「談義」「講」「論義」会の内実と役割について、具体的に検討を加えることにします。

Ａ「談義」　鎌倉時代の東大寺が輩出した碩学の一人である尊勝院宗性《そうしょう》は、本宗とする華厳宗とは別に諸宗の教学を兼学し、とくに唯識・因明は興福寺に赴き修学に励んでいました。延応元年（一二三九）、宗性は弟子実弘《じっこう》とともに、興福寺勝願院において良遍《りょうへん》から窺基《きき》撰「因明入正理《いんみょうにっしょうり》論疏《ろんしょ》」（「因明大疏」）と慧沼《えしょう》撰「因明入正理論纂要《いんみょうにっしょうりろんさんよう》」（「纂要」）・「因明義断《いんみょうぎだん》」（「義断」）の「習読《しゅどく》」を受けました。宗性・実弘をはじめ六名の「談義衆」は、「奉レ対二三位僧都(良遍)御房一奉二習読一了」とあるように、良遍に向かい「因明大疏」「纂要」「義断」を逐条で読み上げ、各々の「不審」について講説を受ける「談義」を催していたことが、以下に掲げる「纂要義断宝勝残義抄《さんようぎだんほうしょうざんぎしょう》」（東大寺図書館113―174―1）の奥書からも知られます。

延応元年卯月晦日、纂要（義断）談義了、自二今月廿一日一始レ之、首尾十ヶ日也、惣大疏三巻・纂要・
義断、六十一ヶ日被二談義一了、思外早速也、此内大疏三巻并義断就レ之了、於二纂要一者依二所
労一不レ就レ之、
抑以二此功徳一、併廻二向内院上生業一、仰願大聖・慈尊垂二哀愍一、陳那・天主等施二加護一、必令
レ遂二臨終正念・上生内院素懐一、四十九重之内於二因明習学院一者、願二望殊相応感応一、何爰又
以二此善根一、始二今生父母親族（縁）一至二七世恩処知識一、乃至三界六道受苦衆生、十方無尽無益群類、
普作二抜苦与楽・出離生死利益一矣、
願以二此功徳一　普及二於一切一　我等与二衆生一　皆共二成仏道一
南無十方法界一切三宝内他法界平等利益

欣求内院行者沙門実弘生年十九、夏臈三廻、

今度談義定衆

已講御房（宗性）　勤忍房賢恩　蓮円房訓芸

千永房専芸　禅覚房（薬師寺）　土佐公実弘

今日奉レ対ニ上綱（良遍）一、奉レ受ニ入正理論一、其衆除ニ勤恩房一以外、皆以受レ之、

つまり良遍を中心に「談義衆」により催された「談義」は、延応元年二月二十二日から四月一日まで、「因明大疏」上・下巻、四月二日から二十一日まで「纂要」、四月二十二日から晦日まで「義断」を、首尾六十一日をかけて相次いで講読しているのです。「談義」の場で明らかにされた良遍の教説は、「以ニ仰趣一如レ形記レ之」として実弘の手で引き付けられ、その「記録」は「宝勝残義抄」（同前113―172―1）・「大疏義断文集」（同前113―173―1）・「纂要義断宝勝残義抄」と名づけられました。本書を著した実弘は、四月十二日から九日間にわたり「所労」によって「談義」に出仕できず、その「記録」は師匠である宗性が自ら補記しています。また因明修学と「記録」の功徳によって内院上生を期する奥書の文言のなかに、修学を覚悟の術とする学侶の意識の一端をうかがうことができます。

このように師僧のもとで経論・疏釈を逐条で読み合わせ、その理解を深める「談義」は、あくまで寺僧が私的に催すもので寺家・院家が関与するわけではありませんが、学侶にとっては最も基本的な修学活動の場であったのです。そして「談義」の場で談《だん》義《ぎ》聞書《ききがき》と呼ぶべき聖教が少なか

らず撰述されており、これらこそが日常的な学侶による修学の実態を物語るものなのです。

B「講」　良遍のもとでの「談義」に出仕した実弘は、その前年の嘉禎四年（一二三八）、三輪別所大智院で「倶舎論第十九問答日記」（同前113／181／2）を書写しています。本書の奥書には、

> 嘉禎四年八月廿二日、於二三輪別処大智院文殊堂一書二写之一畢、抑当山明神感応地之地、勝利新世堂閣、文殊安置之刻〔砌〕、大智施レ人、願依二此書写微功一、漸解二三科蘊界性相一、遂證二五重唯識之奥旨一焉、兼乞二本寺三十講演之場一、不レ暗一座四帖之疑一、開二兜率四十九重之台一、通二達三性十地之深義一矣、
>
> 有宗末学沙門実弘（春秋十八、夏臈二廻、）

とあり、「本寺三十講」に講師として招請された実弘が、その加行《けぎょう》のなかで「倶舎論」をめぐる「問」を列記した「三十講聴聞集」を書写したことがわかります。

すなわち実弘は、寺内の倶舎三十講に講師として出仕する準備として、先行する問答草を書写し、問者からの「問」に対応する唱文を草したと思われるのです。平安院政期に創始された倶舎三十講をはじめとして、鎌倉時代に生まれた世親講などの諸「講」は、次に述べる「論義」会と内容的に共通しており、寺内外の「論義」会に出仕を目指す寺内学侶の修学の場として重要な役割を果たしました。とりわけ「維摩会供奉之已講・成業」を「先達《せんだつ》」に迎えた世親講のように、僧綱《そうごう》昇進の条件となる興福寺維摩会《ゆいまえ》などに出仕の準備のため「講」が催されていたという一面は、

見過ごすことができません（『東大寺続要録』仏法篇）。

これらの諸「講」は講衆により支えられ、寺家が主催する法会とは言い難いのですが、東大寺の年中行事に組み込まれている点は注目されます。すなわち鎌倉時代以降の東大寺にあって、十二大会をはじめ創建期以来の諸「会」や「供」・「御八講」、鎌倉時代に相次いで生まれた諸「講」は、寺僧が出仕する寺内法会として階層化され、寺僧の臈次《ろうじ》・僧階という階梯に沿って配置されていました（『東大寺年中行事』）。そして「講」の場で問答の術を学んだ学侶は、学功を積み僧階昇進を果たすため、寺内外の「論義」会への出仕を図ることになるのです。

C 「論義」会　東大寺において「論義」会の勤修が、少なくとも平安前期に寺内に定着していたことは、

恵運僧都記録云、弘仁二年十二月卅日、東大寺講堂方広会登高座、竪義、（中略）七年四月廿日、受二大戒一、（中略）十一年春三月、於二東大寺羂索院一法花会登高座、竪義、五重唯識章、冬十二月十五日、講堂方広会登高座、竪義、仮実等三類、

との記事からも知られることです。つまり恵運僧都は、受戒に先立つ弘仁二年（八一一）に「学衆始役」とされた方広会《ほごえ》で「竪義《りゅうぎ》」を、さらに受戒後の弘仁十一年に法華会と方広会で「竪義」を勤め、「天長之初年」には「小僧都《しょうそうず》」に昇任しています（『東大寺要録』諸会章）。このように方広会・法華会で「竪義」という学功を積むことにより、寺僧として昇進を果たした事実から、

「論義」会としての両会が僧階昇進の課試《かし》として位置づけられ、しかも寺内法会としても定着していたことが確認できるのです。

問答を通して教学の真髄に迫る「論義」会は、また問答を交わす講師《こうじ》・竪者《りっしゃ》と問者《もんじゃ》の学識を示す場でもありました。それ故に「論義」会は課試としての機能をもち、講師・竪者・問者は出仕の功によって、より上位の法会に招請され僧階昇進を果たすことになったのです。そこで鎌倉時代において、寺僧が講経会の華厳会には出仕を渋りながら、論義会の法華会には望んで出仕するという現象すら見られたのです（「東大寺文書」10―28）。また仁治二年（一二四一）に、「一寺規模之学道百口清撰之昇進」とされた八幡宮御八講では、その講衆に僧綱のみが補入され、凡僧の競望《けいもう》が禁じられましたが（大日本古文書『東大寺文書』七―四一八）、その背景に「論義」会出仕こそ広く寺僧にとって大きな関心事であったことがうかがわれます。

さて嘉禄二年（一二二六）七月、尊勝院宗性は法勝寺御八講に聴衆《ちょうじゅ》として参仕し、第四日朝座において問者として講師の延暦寺陽円と問答を交わしました。法勝寺御八講は最勝講・仁王講・長講堂御八講などと並び、公家が主催し宮中・仙洞・六勝寺を道場とする法会であり、招請される職衆は四箇大寺《しかだいじ》（延暦・園城・興福・東大寺）の天台・法相・華厳・三論宗僧に限られ、寺院社会においては最も格の高い法会（「国家的法会」）とされていました。この御八講に招請された宗性は、寺内のみならず寺外からも碩学の評を得た、東大寺を代表する寺僧ということになります。

宮中・仙洞や六勝寺において催される「論義」会に招請される東大寺僧は、華厳・三論宗のいずれかを本宗とする学侶でした。両宗に属する東大寺の学侶は、平安院政期より最勝講や法勝寺御八講などの「論義」会に出仕し、他宗の学侶との間で論題（問題）をめぐり、自宗の教学を拠りどころに問答を展開しました。そこで自宗の優位と自分の学識とを顕示するためにも、広く自・他宗の教学を学ぶという積極的な修学活動を重ね、その痕跡が膨大な聖教として残されたわけです。宗性が招請された嘉禄二年の法勝寺御八講における問答の全貌は、「法勝寺御八講問答記」（東大寺図書館113―27A―10）に記されていますが、この法会が結願した直後、宗性は「法勝寺御八講所二疑問一之両帖論義」についてその内容を詳細に記した「法勝寺御八講疑問論義抄」（同前103―43―1）を草し、「後覧」に備えました。法勝寺御八講において問者・講師により交わされた問答の内容、證《しょう》義者《ぎしゃ》の唱文が記される本書は、院政期に実現した、天台・法相・華厳・三論宗僧が一同に会し、異なる宗僧の間で問答を交わす「論義」会の内実を語る貴重な史料といえます(2)。

## 2　聖教の撰述

東大寺の学侶は「談義」「講」「論義」会という場において、修学の成果を職衆としての所作のなかに発揮しました。また学侶の修学を支える術として、前掲の「宝勝残義抄」「大疏義断文集」「纂要義断宝勝残義抄」「倶舎論第十九問答日記」、「法勝寺御八講問答記」「法勝寺御八講疑問論義抄」など膨大な聖教類が作成され、その一部が東大寺図書館に現存しています。これら伝来する聖教類のなかに、「春《しゅん》花《か》略《りゃく》鈔《しょう》光明山集」（東大寺図書館113―192―1）との外題をもつ一冊の三論聖教が見出されます。（3）本書は、

「
春花略鈔光明山集　　　東大寺沙門聖然
（方形黒印）「東大寺新禅院」
」

との後補表紙と、「春花略鈔之余」との内題に加えて、

徳治二年九月下旬、以二先師（智舜）上人自筆之本一、加二書写一候了、沙門聖然（花押）

と記される奥書を持ち、さらに文中に、

写本云、嘉禎二年七月晦日、恵日抄之内、貞禅僧都抄之外論義抄二出之一畢、為二東南院毎日講問者一也、
三論沙門智舜記レ之、

との識語が見られ、これらから本書成立の経緯をうかがうことができます。すなわち三論宗碩学の名声高い智《ち》舜《しゅん》が、嘉禎二年（一二三六）「東南院毎日講問者」として出仕のため、「恵日抄」の中から「貞禅僧都抄」を除いた問答を抄出して「光明山集」（「春花略鈔」）を撰述しました。さらに徳治二年（一三〇七）聖《しょう》然《ねん》が本書を書写したうえで、後の問答を追記したものが「春《しゅん》花《か》略《りゃく》鈔《しょう》之《の》余《よ》」（図2）ということになります。「光明山集」を撰述した智舜は、東南院樹慶のもとで三論宗を学び、後に光明山に遁世しており、これに因んで「光明山集」の副題が付されたものと思われます。また智舜は「東南院毎日講問者」を勧めるために、「恵日抄」から「光明山集」を

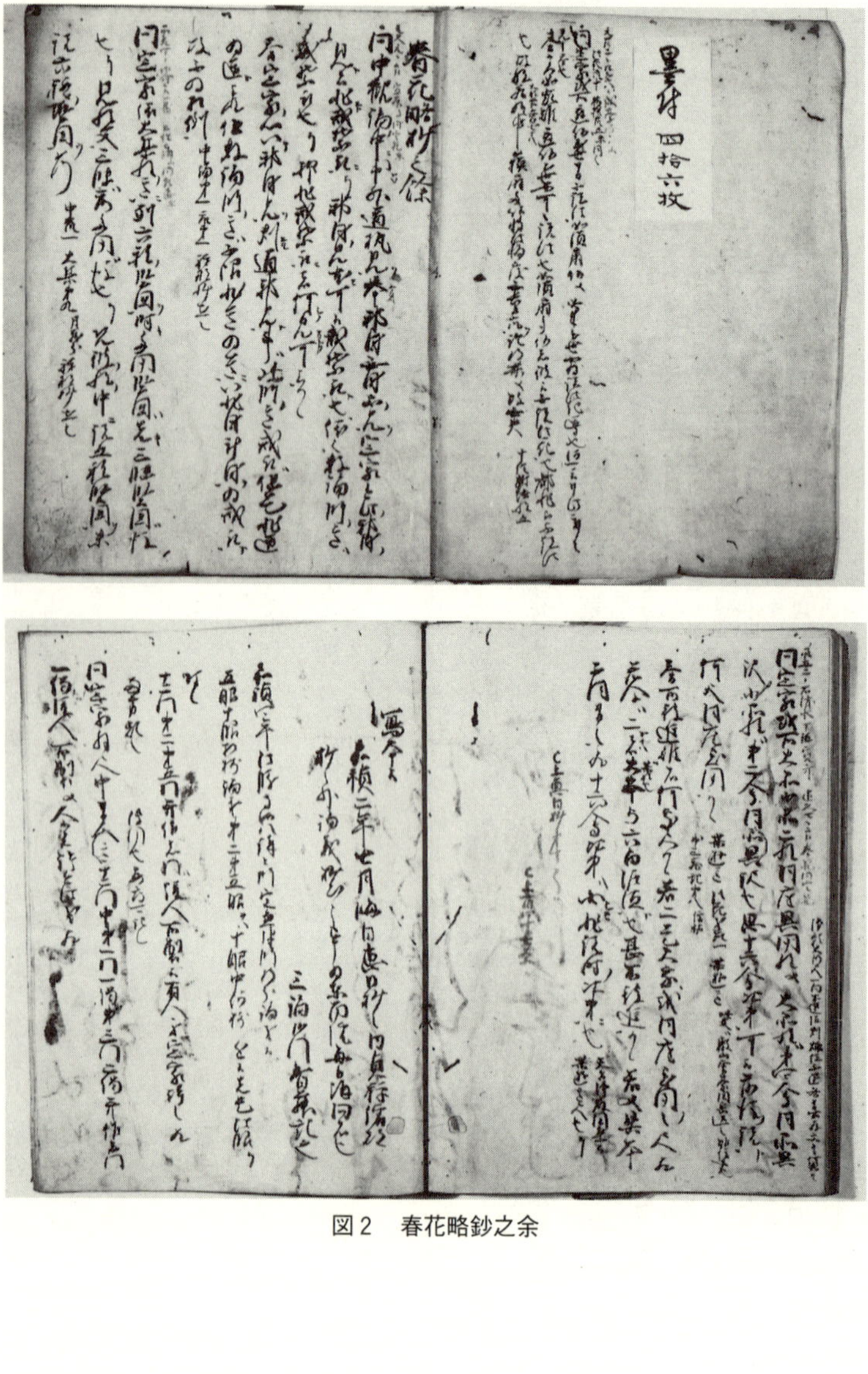

図2　春花略鈔之余

抄出しており、ここに「講」出仕のための撰述という聖教成立の一つの契機が見出されるわけです。さらに、「貞禅僧都抄」「恵日抄」「光明山集」「春花略鈔之余」という一連の聖教のなかに、これらが先行する聖教を転写・抄出して成立した経緯を確認することができます。

この「春花略鈔之余」には、平安院政期から鎌倉中期に至る間に、東大寺三論宗徒が講師として出仕した最勝講や法勝寺御八講など、公家・公卿主催の「論義」会において、天台・法相・華厳宗徒から投ぜられた「問」が集成されています。これは本書が単に三論宗と他宗との間での問答を記録した聖教というよりも、主に洛中で催される格の高い「論義」会への出仕を目指す、三論宗徒のために作成されたことを暗示しています。三論宗徒が講師として他宗問者との問答のなかに自らの学識を顕示し、三論宗の優位を示すためにも、先行する問答を類聚した本書のような三論聖教は、後進の宗徒にとって依るべき修学の術となったことは間違いありません。

ところで「春花略鈔之余」のほかに、聖然撰述にかかる類似した内容の三論聖教として「恵日古光鈔」（同前113―153―1–10）が現存しています。本書は智舜が抄出した「恵日抄」と直接の継承関係を見出すことはむずかしいのですが、少なくとも聖然が本書を撰述するにあたり、「光明山集」を参照したことは確かだと思われます。

ここで注目しておきたいのは、「光明山集」を撰述した智舜、さらに智舜自筆本から「春花略鈔之余」を撰述した聖然が、いずれも遁世者《とんせいしゃ》であったことです。智舜は遁世前に「光明山集」を撰述していますが、遁世後も寺内の新院・戒壇院・知足院や三面僧坊、さらに洛中の法園寺・法金剛院・法安寺において、盛んに三論の「談義」を催していました。また聖然は遁世者が止住する寺内の新禅院・真言院に相次いで住持し、「春花略鈔」「恵日古光鈔」の撰述や三論疏の書写と講説を行っています。本寺交衆《ほんじきょうしゅう》を辞して別所に遁世した智舜・聖然にとって、僧階昇進と布施受給をともなう法会出仕はまったく無縁であったはずですが、智舜や聖然は自らには無縁のはずの三論教学の「談義」や聖教撰述に積極的な関与を見せたわけで、これは三論教学の興隆と後進の宗徒養成との意図によると考えるべきでしょう。このように本寺交衆を離れた遁世者が自らの本宗興隆に尽力し、また遁世者が止住する院家が教学活動の拠点となったことは、鎌倉時代の東大寺における教学興隆の、一つの特徴的な現象と言うことができます。

このように学侶の教学活動の成果として、多様かつ多量の聖教が生まれたわけですが、その背景には、寺内外における「論義」会の盛行とともに、「宗」の教学興隆への強いこだわりがあったことを再認する必要があるでしょう。

## 3　学侶と法会

仏法伝持をになう学侶が、教学活動の成果を示すため「論義」会出仕に大きな関心を寄せたことは言うまでもありません。建保六年（一二一八）に倶舎三十講の講師を勤めた宗性が記す、「凡愚身所作殊勝之由、一寺之沙汰、万人之美談也」（同前「倶舎論第八九巻要文抄」103―3―1）との一文に象徴されるように、法会に出仕する寺僧は、職衆・随喜衆《ずいきしゅう》の視線と評価を強く意識していたのです。法会出仕の職衆には相応の布施が給され、これが寺内止住を支える資縁となりましたが、寺僧が法会の場で最もこだわったのは、布施以上に名声ではないかと思われます。
この名声はその延長上に、さまざまな世俗的恩恵を寺僧にもたらすことになります。ここで、建保三年（一二一五）に撰述された「探玄記第十七義決抄」第一（同前104—1—4）の紙背に残される玄範申状を引用することにしましょう。

玄範申

欲レ被レ補二入八幡御八講衆闕一事

件御八講衆未入輩之内、有二御計一被レ定二仰之一、仍雖レ可レ相二待其期一、不レ申二子細一者還似レ有レ恐、爰玄範携二問答之道一以来、已為二世親講衆之一列一、同講論匠并卅講々師・問者等役、旁以重畳、其外云二惣寺一云二別宗一、毎レ蒙二催促一、更無二寺役遁避之心一、而至レ于二彼御八講衆一未二罷入一之間、被レ超二越浅臈一、懐二多年沈淪之恨一、但以二此趣一令二言上一者、定預二憲法之御政一、忽施二無双之面目一歟、然者以二今度闕分之内一、欲レ被レ定二仰玄範一、仍乍レ恐言上而已、

玄範は世親講の講衆として、講師のみならず倶舎三十講の講師・問者、さらに惣寺や他宗が催す法会には怠りなく出仕してきたにもかかわらず、未だ八幡宮御八講衆に補入されぬまま、浅臈の学侶に超越され「沈淪之恨」を懐いていました。そこでこの申状を寺家に奉呈して、御八講衆の闕に補入されんことを請うたわけです。世親講・倶舎三十講などで講師・問者を勤めた功により、八幡宮御八講衆への補入を請うという文脈のなかに、階層化された寺内法会のなかで、下位

の「講」における学功により上位の「講衆」への補入が実現したという現実が確認されます。

また尊勝院宗性は、仁治元年（一二四〇）、公家に次掲の申状（同前「春華秋月抄草」第十四紙背）を呈しています。

伝燈大法師位宗性誠惶誠恐謹言

請殊蒙天恩、因准先例優公請労任権律師状

右、宗性謹考旧貫、依公請労浴綱維恩者、古今之間不易之例也、爰宗性嗜夜学而幾何日、久習十玄之教法、仕朝廷而廿余廻、已仕三代之明時、而間同時出仕之類、併為大小僧都、（僧都為律師、）後進超我之輩、亦多南北学侶、（在南都在北京、）宗性独乍帯数年之奉公、空不浴一割之恩慈、雖恨微運之至拙、只悲沈滞之無比、依之決択学道之庭、其恥是多、出仕交衆之砌、其勇尤少、彼興福寺尋性者、宗性応勅喚之後経六ヶ年、初随御願之人也、未参最勝講々師之以前、募公請労任権少僧都、東大寺定兼者、宗性者年戒下臈（出仕）公請後輩也、亦募公請労任権律師、（如此之賞傍例非一、）宗性為先達、亦勤最勝講々師、何不被募公請労、聴権律師哉、望請　天恩、因准先例、優公請労被任権律師、化将誇聖道、将仰明時之化、弥励稽古之勤而已、宗性誠惶誠恐謹言、

仁治元年十一月　日　　伝燈大法師位宗性

このなかで宗性は以下のように訴えています。宗性は日夜修学に励み、二十余年にわたり「公《く》請《じょう》」を受け三代の朝廷に奉仕してきましたが、未だ僧綱位には昇任できません。同時に出仕した

南都北嶺の寺僧は僧都・律師に昇り、また後輩ながら自分を超越するものも少なくありません。たとえば、興福寺尋性は最勝講々師に招請される前に権少僧都となり、東大寺定兼は年戒が下にもかかわらず「公請労《くじょうのろう》」を評価されて直ちに権律師となっています。彼らより先達の宗性は最勝講々師を勤めながら、どうして「公請労」により権律師に昇任されないのでしょうか、このように宗性は傍例を掲げて、自らの労功に相応しい僧綱位への昇任を請うたのでした。

宗性が寺内の「談義」「講」において教学活動に励み、また寺内外の「論義」会に招請されて自らの学識を示していることはすでに触れた通りです。さらに公家からの招請（「公請」）を受けて法勝寺御八講や最勝講に出仕した宗性は、職衆としての労功（「公請労」）を果たし、仁治元年には権律師へ、寛元三年（一二四五）には権大僧都への昇進を請う申状を奉呈しています。「公請」とは、あくまで公家の「僧事《そうじ》」（僧侶の人事をめぐる朝儀）に基づく招請であり、鎌倉時代の南都では興福寺維摩会・薬師寺最勝会以外に、「公請」により職衆が招請される法会は存在しませんでした。しかし寺内法会への出仕を実績として、寺僧は自らの申請により、また時に寺家の推挙を得て「公請」にあずかることになったのです。そして「公請労」が評価された寺僧は、次第に応じて僧綱の官位（僧正・僧都・律師、法印・法眼・法橋）に昇任するわけで、ここに法会出仕の最も世俗的な一面を見ることができるでしょう。

寺内・寺外において催される多くの「論義」会には一定の序列があり、寺内の下位から上位の法会に、さらに寺外の法会へと出仕を果たすことは、自らの学識に寺内外の評判を得るとともに、僧階昇進を実現するという実質的な意味がありました。このように学侶が「論義」会の出仕に強く執着し、そのための修学に力を尽くしたという、至って世俗的な現実は確かに存在しました。しかし学侶の修学を、単に世俗的な一面だけで評価することはできません。聖教類の奥書に見られる、「願依二此書写微功一、料二解三科蘊界之性相一、遂證二五重唯識之奥旨一」、「以二此功徳一併廻二向内院上生業一」との一文には、単なる決まり文句と片づけ難い学侶の心情が見出されるのではないでしょうか。

## 三　二月堂修二会と華厳宗

### 1　十二大会と二月堂修二会

鎌倉時代の東大寺において論義会が盛んに催された事実は、勤修を支える寺僧の意図と併せて前述した通りです。また創建期より相次いで生まれた十二大会以下の諸法会も、その多くが規模を縮小しながらも勤修され続けています（「東大寺年中行事」）。そして鎌倉時代に催された諸法会のなかで、天平勝宝四年（七五二）に実忠和尚が十一面悔過として創始した二月堂修二会は、少なくとも創始の時代と継続性という二面から見て、寺内では特異な法会とすることができます。

徳治三年（一三〇八）、東大寺法華堂を拠点とする法華堂衆は、再々にわたり惣寺（東大寺衆徒）に申状（「東大寺文書」1｜8｜154）を進め、

法華堂禅徒等重謹申

河上庄内堂領三斗米、任㆓大仏殿・二月堂等准儀㆒、永代可㆑蒙㆓御免㆒由、先段捧㆓歎札㆒処、御衆答云、大仏・八幡者根本堂社也、敢不㆑可㆑及㆓比例㆒、且二月堂者、五百余歳所修霊場也、若収㆓公彼土貢㆒者、尤可㆑為㆓行法退転㆒、皆是有㆓由緒㆒、而於㆓当堂㆒有㆓許容㆒者、可㆑為㆓惣庄顚倒基㆒之上者、就㆓是非㆒不㆑可㆑然云々、就㆑之堂家愚意違㆓厳命㆒条条事、

として、大仏殿・二月堂に准じて河上庄内法華堂領に賦課された三斗米（本年貢）の免除を求めました。しかし惣寺は集会に基づき、年貢免除は寺領全体に影響が及ぶ可能性があり、法華堂領のみに例外を認めることはできないと回答しました。そこで法華堂衆が再度作成した訴状が本文書なのですが、ここで惣寺の回答に記された「大仏・八幡者根本堂社也、敢不㆑可㆑及㆓比例㆒、且二月堂者、五百余歳所修霊場也、」との一文に注目したいと思います。この表現から明らかなように、「根本堂社」たる「大仏（殿）・八幡（宮）」と、「五百余歳所修霊場」たる二月堂との間には一線が引かれており、惣寺は二月堂を「根本堂社」とは認識していないのです。これは法華堂衆側の認識にもうかがわれ、「彼（二月堂）者禅・学所修之伽藍也、尤御崇重可㆑然、是（法華堂）者十二大会之霊場也、帰依専可㆑異㆑他」（同前）として、法華堂を「根本堂社」たる大仏殿・八幡宮と一類と考えていることがわかります。すなわち二月堂を道場とする修二会と、法華堂を道場の一つとする十二大会は異質と認識されていたわけです。

大仏殿・法華堂等において勤修される十二大会と、二月堂において催される修二会とは、いず

れも寺内法会でありながら評価・処遇が異なることは先にも触れた通りです。いずれも由緒ある法会でありながら、十二大会と二月堂修二会の格差はいかなる理由によって生じたものか、修二会の担い手に焦点を当てながら次項において考えてみたいと思います。

## 2　二月堂修二会と練行衆

鎌倉時代の東大寺上院に本堂・僧坊をもつ法華堂は、「皇帝叡願之殿、当寺最初之伽藍也、良弁練行之砌、花厳一宗之本所也」（『鎌倉遺文』一二三三八〇「法華堂衆申状」）と記されるように、良弁が華厳宗を布弘《ふこう》した「最初之伽藍」「花厳一宗之本所」であり、それ故に「十二大会之霊場」であると考えられていました。法華堂に隣接する二月堂も創建期以来の由緒をもつ堂宇ですが、ここで催された「二月堂行法」は、「実忠和尚被レ始二行之一以来」とあるように、「十二大会」とは異なり、良弁の弟子実忠《じっちゅう》が創始し「五百余歳」にわたって継修された法会と認識されていました（「東大寺文書」1-8-154）。現存する「二月堂修中練行衆日記《にがつどうしゅちゅうれんぎょうしゅうにっき》」（大双紙《おおぞうし》）によれば、二月堂修二会は少なくとも保安五年（一一二四）から今日に至るまで、欠かすことなく勤修されたことが確認されます。しかし天平勝宝四年（七五二）に実忠が創始した十一面悔過《じゅういちめんけか》が（「東大寺要録」雑事章）、平安前期における「二月堂二七日」（同前「寛平年中日記」）の行法を経て保安五年まで継続的に勤修された足跡を明確に語る史料は、未だ見出されてはいません。

このように、鎌倉後期まで「五百余歳」にわたり勤修された二月堂修二会は、上院に止住する華厳宗僧によって担われて来たと考えられます。(4) 上院は東大寺に先行する金光明寺の主要堂宇としてあり、良弁僧正の華厳宗布弘の拠点でもありました。つまり東大寺の大仏殿以下が建立される以前から、上院には華厳宗を修める寺僧が止住しており、良弁の弟子実忠が創始した「十一面悔過」(後の二月堂修二会)もまた、この華厳宗僧によって継承されたと考えられるのです。行法の所作に見られる華厳宗の痕跡は、創始当初からの修二会と同宗との密接な関係を裏づけるものでしょう。

また平安院政期に成立した「七大寺《しちだいじ》巡礼《じゅんれい》私記《しき》」(5)には、

一羂索院三昧堂一宇、南向、三間瓦葺、金色不空羂索、立像、四天王像、同像足下鬼形等神妙也、件寺在二大仏殿東山一、世俗呼レ之号二南無観寺一云々、此堂修二月行法事、口伝云、毎年二月朔日、開二当院宝蔵一、舁二出小厨子一、置二本仏前之壇上一、其厨子内十一面観音像云々、堂衆十五六人、自二二月朔日一籠二堂中一、二七箇日之間、白地不レ出二住房一所二勤行一也、至二十四日夜一、堂衆等皆執二金剛鈴一、又以二炬火一逆挾レ腋、火炎出後、相烈唱二南無観之宝号一、疾足廻二仏壇一奔二走之一、其衆之中尫弱微力之人、気竭斃伏、勁二抜勇健之輩一尚走、所レ遺及二一人一、以レ之為二殊異行一、導師及耆老大徳一両許不レ走者也、其導師持二金剛鈴一矣、

とあるように、平安後期から院政期にかけての二月堂修二会の様子が記されています。法華堂と二月堂とが混同されてはいますが、「羂索院三昧堂」と表記された二月堂において法華「堂衆十五六人」により勤修された「修二月行法」の様子が、かなり具体的かつ克明に描き出されています。

平安院政期には寺内階層として定着した法華堂衆は、尊勝院々主を華厳宗長者と仰ぐ華厳宗僧であり、三面僧坊や尊勝院に止住する華厳宗学侶とは異なる集団を構成していました[(6)]。そこで二月堂修二会は、少なくとも平安院政期までは、上院の華厳宗僧が練行衆として支えた法会と考えることができると思います。

二月堂修二会と華厳宗との関係を示す史料はほかにも見出されます。応長元年（一三一一）、凝然《ぎょうねん》の撰述にかかる「三国仏法伝通縁起《さんごくぶっぽうでんづうえんぎ》」巻中の華厳宗項には、「天平五年癸酉、初造二羂索院一、而此院中有二二月堂一、安二十一面像一、実忠和尚現身昇二兜率天一、遷二四十九院中観音院行業一、勧二請補陀落山観音一、為二堂本尊一修二懺悔法一、兼安二小像一為二堂本尊一」とあり、これは、羂索院を媒介とした二月堂修二会と華厳宗との関係を傍証しています。また「東大寺尊勝院院主次第《とうだいじそんしょういんいんしゅしだい》」には、文応元年（一二六〇）尊勝院々主の宗性が二月堂を惣寺に寄進し、二月堂「別当職」を同院に止め置いたとの記事が見られます。華厳宗本所たる尊勝院が二月堂を保有していたこと、鎌倉中期に二月堂を惣寺に寄進したこと、いずれも明確な支証は得難いのですが、大いに注目すべき記事といえるでしょう。この説に拠るならば、鎌倉中期より二月堂は寺家に帰属する堂宇となり、修二会に華厳宗僧以外の寺僧が参画することが可能となったわけで、これは鎌倉後期以降の練行衆として、華厳宗学侶と法華堂衆のほかに、三論宗学侶と中門堂衆が出仕した現実を合理的に説明する根拠になるものと考えられます（「二月堂修中練行衆日記」）。

以上のように、二月堂修二会が上院に止住する華厳宗僧により維持されたと考えるなら、この法会が寺家により催される十二大会とは異質の勤修条件をもったのも当然とすることができます。また「五百余歳」にわたり継修された二月堂修二会を支えた練行衆が、「堂衆」から「禅・学所修」に変化した前提には、平安院政期に見られる学侶・堂衆の階層分化という現象がありました。しかし二月堂修二会を支えた華厳宗僧が、寺内において学侶・堂衆という階層に分化をとげた後も、初日の受戒を経て二七日間（十四日間）は一体の練行衆として行法を支えた現実は注目すべきでしょう。

## 3　修二会と世俗

「七大寺巡礼私記」によれば、二月堂は「世俗呼レ之号ニ南無観寺一」したといわれます。少なくとも平安院政期に、「三間二面庇瓦葺二月堂」（「東大寺要録」諸院篇）における行法は、「南無観」との宝号を唱える特徴的な法会として、広く「世俗」に知られていたわけです。

また「二月堂修中練行衆日記」第三の寛元二年（一二四四）条に、

十二日、日没、法性寺禅定殿下・北政所准后御参、以ニ大導師一為ニ御明導師一、裏物在レ之、即日没以後、例時以前ニ行ニ諷誦一、并以ニ南座下臈一行玄、令レ持ニ香水一、自打ニ板之際一、大導師取ニ続之一、令レ進ニ入簾中一畢、依レ為ニ希代之勝事一、為ニ後代一記レ之了、

との記事が見られます。ここで前摂政九条道家が北政所とともに二月堂において行法を聴聞し、その折に大導師が香水《こうずい》を「簾中《れんちゅう》」に捧げたことが記されています。前摂政と北政所（時に准后《じゅごう》）

という公卿の聴聞は、練行衆にとって特記すべき「希代之勝事」であったわけです。「簾中」が堂内のいずれの場所に設けられたものかは確定し難いのですが、俗人が参籠する空間が二月堂に存在していたことは確かです。これより以降、「二月堂修中練行衆日記」には貴族の聴聞・参籠の記事が散見されるようになりますが、「世俗」に広く知られた二月堂修二会ではあっても、京都の貴族が参籠するようになったのは、やはり鎌倉中期以降ということになります。[7]

さて「二月堂者、五百余歳所修霊場也、若収二公彼土貢一者、尤可レ為二行法退転一」とあるように、奈良時代より「五百余歳」にわたり連綿と続いてきた二月堂修二会には、「退転」してはならぬ「不退之行法」との認識が生まれていました。時代とともに強まる練行衆の執着心と、広く「世俗」の信心を迎える法会であるとの評判に支えられ、二月堂修二会はさらに継続的に勤修されたわけです。前述したように、中世の東大寺において勤修された法会の過半は論義会であり、これらは寺僧の修学活動に重要な役割を果たすとはいえ、決して「世俗」に開かれた法会とは言い難いものです。これに対して「南無観之宝号」を唱え、悔過の所作から構成される修二会は、俗人の「随喜」を催させるに充分な内実をもつ、東大寺では希有な法会と言えるのではないでしょうか。

奈良時代より公家の外護《げご》のもとに鎮護国家《ちんごこっけ》を掲げて発展をとげた東大寺にあって、世俗の信心を迎える内実の法会は決して多くはありませんでした。この意味で修二会は「世俗」の帰依を誘引する数少ない法会であり、公家の全面的な外護を失った中世以降の東大寺にとって、「世俗」

との接点をなす貴重な場でもあったと考えることができます。それ故にこそ、衆生の汚穢を清浄に戻す悔過の機能を掲げ、春迎えの行事としての役割を強調することにより、二月堂修二会は広く世俗に受け容れられ法会として、今日にまで絶えることなく勤修されてきたのではないでしょうか。

## おわりに

以上のように、論義会と修二会を素材として東大寺の法会について検討を加えてみましたが、最後に、寺院社会における法会の存在意義について再度確認しておきたいと思います。

仏法伝持を主要な機能とする寺院にとって、仏法僧三宝の一体化を可視的に表現する法会は、まさに仏法伝持の象徴でもありました。また仏法外護を掲げる世俗社会は、多様な宗教的恩恵を期待して法会を創始し、一方、寺院社会は自らの存続を図るためにも、由緒ある法会の継修を重要な任務としてきました。そこで寺院は、さまざまな由緒と機能を負う諸法会を年間に配し、年中行事にしたがって継続的な勤修を図ったのです。また法会勤修の財源には寺領荘園をはじめとする寺財があてられ、寺家の財務は法会勤修を柱として運営されました。このように法会は寺家経営の柱であり、また寺院経済の柱であったと考えることができます。

次に寺僧、とりわけ学侶が法会に出仕するには、出仕に応じた布施受給という経済的意義より以上に、僧階昇進の条件という社会的意義が存在しました。学侶にとって法会、とりわけ「論義」会出仕は最大の関心事であり、法会出仕を目指し、また招請を契機として、法会の内実に応じた教学活動を行ったのです。この教学活動こそが寺院の仏法伝持を底支えする重要な要件であり、また教学活動のなかで撰述された膨大な聖教類こそ、寺院社会における寺僧による修学の実態を明らかにする素材となりましょう。

このような背景のもとに勤修された法会、とくに論義会と修二会（悔過会）の性格を考えるならば、学功と僧階を実現する論義会は自行的色彩の濃厚な法会であり、罪障消滅のための悔過を勤め世俗の崇敬を引きつける修二会は、至って利他的な色彩の濃厚な法会ということができるでしょう。中世の東大寺を見る限り、多くの論義会の勤修が確認され、華厳・三論両宗を柱とする仏法興隆の様がうかがわれます。これと併行して、継続性と独特の所作構成をもつ二月堂修二会は、世俗社会の帰依を誘う特異な法会として勤修されました。八宗兼学を掲げる東大寺にあって、教学の相承に論義会は不可欠な存在ではありますが、悔過による世俗への恩恵を掲げた二月堂修二会が今日まで不滅の行法として継承され、東大寺を代表する法会としての位置を占めるに至った意味を、今一度見直すべきであると思います。

（注）

（1）「寺院社会史」とは、個別寺院もしくは祖師・教学・法流を共有する寺院群と、それらを組織的に支える僧団（寺僧集団）の存続と社会的な関わりを、時代社会のなかでとらえようというものである。

（2）本書については、拙稿「修学と論義草—宗性撰述「法勝寺御八講疑問論義抄」を通して—」（『中世寺院史料論』Ⅱ第四章）参照。

（3）本書については、拙稿「鎌倉時代の東大寺三論宗—三論聖教「春花略鈔」を通して—」（『史艸』四〇号）参照。

（4）二月堂修二会の足跡については、拙稿「平安前期東大寺諸法会の勤修と二月堂修二会」（『中世東大寺の組織と経営』第一章第四節）参照。

（5）「七大寺巡礼私記」の成立については、奈良国立文化財研究所編『七大寺巡礼私記』解題参照。

（6）華厳宗僧としての法華堂衆については、拙稿「中世東大寺の諸階層と教学活動」（『中世東大寺の組織と経営』第三章）参照。

（7）修二会における世俗の参籠増加という現象が、二月堂の建築構造に大きな影響を与えた可能性がある。特に鎌倉中期以降、二月堂の構造に大きな変化が現れるという（山岸常人氏『中世寺院社会と仏堂』参照）。

# 第二章　興福寺の法会

**興福寺　慈恩会　番論義**：画像の前に出て問答する問者（左）と答者（右）。／提供：奈良新聞社

# 中世の慈恩会

髙山有紀

## はじめに

法会とはいったい何か。私は興福寺の維摩会《ゆいまえ》という法会を中心に勉強してきましたが、いまだにわからないことは非常に多いといえます。ただ、法会を研究することの意義を考えてみると、それは寺院社会を今日まで継承させてきた力を解明することであると思えます。法会の勤修《ごんしゅ》を通じて、寺院社会が重んじる教学の研究が受け継がれてきたのです。

法会にはいろいろな種類がありますが、とくに論義《ろんぎ》が行われる法会は、寺僧が仏教教学を研究し、これを後の世に受け継がせていく場として機能しています。私は、寺院社会の継承に実に重要な役割を果たしてきたもの、それが法会であると考えています。

近年研究を進めていくなかで、私はこの法会がどんなもので、法会を通じてどんなものが今日まで残ってきたのかということを、教育史あるいは寺院社会史の領域から勉強する必要性があると感じています。

昨夜（十一月十三日）、薬師寺で慈恩会《じおんね》が行われました。これは隔年で、興福寺でも行われています。私が勉強してきた維摩会は断絶してしまって久しいわけですが、慈恩会は継続して行われており、現行の法会を通して中世のようすを窺い知ることができる数少ない興福寺の法会のひとつです。本日は、中世という時代において、慈恩会がどのような実態をもつ法会であったか、そのすがたを浮かび上がらせることができればと思います。

## 一　慈恩会の由来

慈恩会は、空晴《くうせい》により創始されたという説があります。ただしこれには、あまり確かな論拠はないようです。『大乗院寺社雑事記《だいじょういんじしゃぞうじき》』は、応仁元年（一四六七）四月十四日条において『行賢《ぎょうけん》記《き》』という史料を引き、十一月十三日は慈恩会勤修の日であるとし、これは、天暦五年（九五一）十一月二日に始まったと記しています。

　行賢記云、十一月十三日慈恩会、天暦五年十一月二日始之、

これらと同様の記録がほかにも数点見られ、これが慈恩会の起源として知られています。天暦五年に始まったというのが事実であるとして、その頃活躍していた興福寺の別当空晴を、慈恩会の創始者と考えているわけです。そして、興福寺が本宗としている法相宗の宗祖、慈恩大師窺基《きき》

**興福寺　慈恩会**：慈恩大師の忌日に、本尊の前に大師画像を掲げて報恩の法要をとり行う。／提供：奈良新聞社

の忌日である十一月十三日に同会は行われるようになりました。また、『尋尊御記《じんそんぎょき》』（東大史料編纂所架蔵謄写本）においても、同会の期日は原則として十一月十三日であったことが記されています。

由来に関しては、いろいろわからないことも多いということを申しあげておきます。

## 二　慈恩会の変遷―平安〜室町時代―

次に、慈恩会の変遷を、とくに平安末期から室町時代にかけて見ていくことにします。非常に興味深い史料として、『中右記』の承徳二年（一〇九八）十月十三日の記事があります。それには次のように書かれています。

方広会竪義十二月八日、人数不限、法華会竪義南円堂、従九月晦至十月六日、慈恩会義別当房、十一月十三日、三人或五人、已上専寺之人研学竪義以前必所遂也、謂之三得業、（傍線筆者）

『中右記』には、藤原氏が勅使となり、天皇の使者として下向した際に記した維摩会関連の記事がみえます。今日では断絶してしまっている維摩会の姿をさかのぼって見ることができる貴重な史料です。維摩会竪義への出仕の条件として、「方広会《ほうこうえ》竪義《りゅうぎ》」「法華会《ほっけえ》竪義《りゅうぎ》」そして「慈恩会（竪）義」が挙げられ、「已上専寺之人研学竪義以前必所遂也、謂之三得業、」とあります。

## 1　法会の階層化と維摩会

ここで維摩会に関する概要をみてみると、以下のとおりとなります。

創始…斉明天皇二年（六五八）　本願…中臣（藤原）鎌足
興由…治病　目的…鎌足追善供養→課試
主催…興福寺別当　式目…十月十日～十六日
会場…興福寺講堂
聴衆…興福寺・東大寺を中心とする南都の学侶（初期には北嶺学侶の出仕もあり）
内容…維摩《ゆいま》経講説《きょうこうぜつ》、講問論義《こうもんろんぎ》（第一日朝座～第六日夕座）、竪義論義《りゅうぎろんぎ》（第一夜～第五夜）
　金堂試経《こんどうしきょう》、勅使坊番論義《ちょくしぼうばんろんぎ》ほか
意義…南都寺院社会における諸教学の振興、学侶の研鑽

一般に興福寺維摩会と言われますが、維摩会の場合は興福寺のみならず、南都の寺院社会、つまり寺の垣根を超えたところで行われるという名目であったところが重要です。創始は六五八年、藤原氏の始祖である鎌足が始めたという説が残っています。鎌足の死後はその追善供養として再興され、後に南都の僧侶たちの課試の場となりました。南都の僧侶たちは、僧侶としての資格、位階を、法会出仕の段階に応じて上っていくわけですが、維摩会は最終的な目標になる法会として位置づけられていました。

本日のテーマである、慈恩会は興福寺の中の法会ですが、維摩会は興福寺の外の法会であると

いう違いがあります。南都の僧侶たちは上住する寺の寺内で法会、講などに順次出仕し、やがて興福寺維摩会への出仕の権利を獲得するというシステムになっていました。

ただ、維摩会の中にもさまざまなプログラムがあり、「維摩会」という名称の根拠である維摩経講説に加え、講問論義・竪義論義・勅使坊番論義という三つの論義が組み込まれていました。なかでも僧侶、ここでは僧侶のなかでも学問を生業にしている僧侶ということでとくに「学侶」という言葉を使わせていただきますが、学侶にとっても課試として最も大きな意味をもっていたのが、竪義論義への出仕であったのです。竪義論義に出仕する者を「竪者《りっしゃ》」と言いますが、竪者に任ぜられて初めて、南都寺院社会における一定の地位を獲得することができました。同論義では、問者の問いに対して応答し、判定を受けて学侶として積んできた学功、つまりさまざまな修学の成果を周囲に示したのです。

さきの『中右記』には、この維摩会竪義への出仕に必要な方広会・法華会・慈恩会の三会の竪義の竪者を勤める「三得業《さんとくごう》」が特記されています。これは、中世の南都寺院社会における法会の階層性を示す用語となっています。

## 2　年中行事への定着

次に興福寺の法会が、年中行事としてどのように定着していったか、についてみていくことにします。

『類聚世要抄』・『興福寺年中行事』・『尋尊御記』の資料（表1・後掲）を示します。とくに見ていただきたいのは『類聚世要抄』と『興福寺年中行事』です。『類聚世要抄』は、大乗院相伝の故実書として尋尊《じんそん》がずいぶん重要視していることでも知られる史料ですが、内容的に見ておそらく平安末期には成立していたものと考えられます。そして『興福寺年中行事』はそれより少しあと、鎌倉の初期ぐらいの成立ではないかと思われます。

三つの史料のなかで一番古い『類聚世要抄』には、興福寺で毎年繰り返しとり行うことが決められている行事が明記されています。実は『類聚世要抄』のなかには十一月の慈恩会にあたる行事に関する記述がありません。十一月と十二月条がほとんど欠損となっており、非常に残念です。ただし、二月五日の三蔵会《さんぞうえ》に関する記事の部分には「覆殿座席如慈恩会、」とあり、慈恩会は当時の年中行事の一端に据えられていたけれども、何らかの理由でこの部分が欠けてしまったことが確認されます。

『類聚世要抄』と『興福寺年中行事』を比べてみると、行事の固定化が多く見受けられます。ただ、もちろんこれは成立の時期の違いということもあり、『類聚世要抄』にはみえず『興福寺年中行事』にある記事も見受けられます。いずれにしろ、こういった年中行事の恒例化が、中世の興福寺を支える十分な活動になっていったことが確認できると思います。

また興福寺にとって重要な法会として、藤原氏の氏寺としての性質から、藤原氏の追善供養をとり行うものも多くありました。また一方で、興福寺の寺僧のなかで優秀な僧侶、これは後に門跡と言われるようになりますが、大乗院、一乗院関係の僧侶たちの忌日の法要であるものが創始される様子も確認しておきたいと思います。『尋尊御記』に関しては、室町時代のところで再び触れることにします。

## 三　慈恩会の変遷―鎌倉時代―

興福寺の史料をひもとくと、鎌倉時代については史料が不足しがちであるといえると思います。この時期の史料が今日まで伝来していないという問題があります。法会関連の史料としては、林文子氏が整理を手がけられた『故廻請之写《こかいじょうのうつし》』が知られています。これは興福寺の法会に学侶が出仕する際、出仕を要請するために作られた文書であり、その写しが今日に残っています。唯一とは言えないまでも、学侶が法会に出仕していく様子を伝える貴重な史料です。『故廻請之写』の中には、先ほどの三得業に含まれていた方広会に関する史料は残っていませんが、法華会、慈恩会、維摩会への出仕を追ってみると、いろいろなことがわかるのではないかと考えています。

維摩会出仕に連なるものであり、維摩会出仕に向けて機能を果たしていたであろう慈恩会と法華会の鎌倉後期における実態を、とくにここでは摂関家の出自を持つ学侶である「貴種《きしゅ》」と見なされる人の記録と、身分的にもともと凡人であった住侶の法会出仕の記録を通して取り上げてみたいと思います。例えば、「貴種」慈信《じしん》は、

法華会竪義（文永五）→慈恩会竪問第三問（同）→慈恩会竪義（同六）→第二夜研学竪義（同七）→維摩会講師（建治元、十九歳）

のように、まずは法華会竪義に出仕し、つづいて論義の際に問いを投げかける役目である慈恩会竪問を勤め、翌年、慈恩会の竪義の竪者を勤めているのがわかります。その翌年に「第二夜研学竪義」とあるのが維摩会の竪者です。これを勤め、わずか十九歳で維摩会の講師《こうじ》になっています。

それに対し、住侶英禅《えいぜん》の法会出仕の過程を追っていくと、

慈恩会竪義（文永三）→維摩会竪義（同五カ）→維摩会講師（正応五、七十五歳）

となっています。

他にもっと取り上げるのに適切な人物があるのかもしれませんが、何しろ個々の法会で作られている史料の中から特定の人物についての法会出仕の状況を追っていくのは困難な作業です。

ところで、以上のことから、英禅は法華会には出仕していないのだろうかという疑問が出てきます。つまり、鎌倉時代には三得業という形式が踏襲されてはいるものの、法華会、慈恩会、維摩会と従来の正式な順序で出仕する者もいれば、場合によっては法華会に出仕しないなどの特例がみえてきているように考えられます。また、英禅は凡人の出自ということもあり、七十五歳になってやっと維摩会講師に到達し、寺院社会のなかで最高の地位にのぼりつめたことになります。あくまでも維摩会講師に到達した僧侶である両者については、三得業の制度の形骸化がみえていると考えられます。

もう一点指摘しておきたいことがあります。これは非常に細かいことですが、慈恩会では問者を先に勤めた後に竪者になっていますが、これは維摩会とはまったく逆のスタイルです。維摩会では竪者を勤めてから、その後やがて講師に到達するまでの期間に「帰聴衆《かえりちょうしゅう》」、つまりもう一回維摩会に帰ってたいていは問者を勤めます。それが維摩会の出仕のパターンです。それに比べると、寺内の法会である慈恩会、あるいは法華会などでは、問者を先に勤めるところにも違いがみられます。それが学侶の出仕の記録を見ることによって確認できます。

## 四　慈恩会の変遷―室町時代―

室町時代の興福寺関連史料のなかには尋尊の残した史料が多くを占めています。『大乗院寺社雑事記』、あるいは先ほど取り上げた『尋尊御記』によれば、尋尊は十二大会《じゅうにだいえ》ということを意識していたことがわかっています。『大乗院寺社雑事記』によると、長享二年正月廿三日条に、

定日無之、心経会　二月五日、於北円堂、三蔵会　二月十四日、金堂、報恩会　二月十五日、同、常楽会
二月十六日、同、法華会　三月三日、同、万燈会　四月八日、同、仏生会　七月廿四日ヨリ四十日、長講会
九月晦日、七ケ日、法華会　十月十日、七ケ日、維摩会　十一月十三日、慈恩会　十二月八日、七ケ日　方広会

のように、はっきりと式日と場を示し、これら十二の法会が興福寺が最も重んじる「大会」であることが記されています。「大会」とは、最も重要な法会として維摩会を示すことが多いのです

が、この言葉をあえて使って十二の法会を挙げています。これはある僧侶から興福寺の十二の大会とは何であったかと問われたのに対して、尋尊が確認しつつ記録したものであるようです。

これら十二の法会は、『尋尊御記』においても「十二大会のうち」として取り上げられています。ほとんど入れ替わりはありませんが、『尋尊御記』では万燈会《まんとうえ》の代わりに淄洲会《ししゅうえ》を取り上げています。

室町時代にあって、尋尊が興福寺が寺家として重視する法会は十二大会であると思っているということは、逆に言えば、この十二の法会を何とかして死守していかなければいけない状況になっていた、ということです。どれを行って、どれを行わないかという選択の必要に迫られたとき、この十二の法会だけは何としても行わねばならぬという尋尊の意気込みが感じられます。

ところで、十二大会という言葉自体は、尋尊が初めて使ったわけではないと思います。そして『類聚世要抄』・『興福寺年中行事』と『尋尊御記』を比べたときに、時代的な違いを除けば年中行事の内容にそんなに大きな差異はないということが見て取れます。とくに『尋尊御記』は年中行事記として記されたものであり、十二大会に関してはかなり具体的な記述がなされています。勤修の場所、法会の所作などが記されています。

たとえば、二月十六日法華会の項では、常楽会《じょうらくえ》と法華会と維摩会とを「三ヶ大会也、」と言っています。「三ヶ大会」なる言葉はほかの僧侶が書いた記述にはまったく見られないもので、尋尊がなぜこの三つをここで挙げているのかというのも面白い点です。また、三月の万燈会には「一向退転畢、」とあり、どうやら退転の危機が迫っている様子が見て取れます。興福寺の歴史を鑑みて、あるいは興福寺の寺家としての存続ということを尋尊の立場から考えた場合に、十二大会がたいへん重要なのだという意識が強かったのは、当然のことなのかもしれません。

また、『大乗院寺社雑事記』文明十二年（一四八〇）十一月十三日条には、

今度慈恩会可有始行之由、致用意之処、可為三蔵会、

とあり、また、明応五年（一四九六）三月十六日条には、

三蔵会始行、於東室也、（中略）今度未番論義輩、可被始行慈恩会旨、種々雖申之、きと難成立上、三皆業一向無之之間、先以三蔵会可然旨、学侶以下申合無為始行了、当年大会事、云一乗院殿、云寺務色々計略云々、然者勅使坊可有番論義之間、学道事不可及是非也、

という記事があります。すなわちここでは、慈恩会が危機であるということが記されているのです。

先ほどの『類聚世要抄』から作った一覧表では、三蔵会のところに「如慈恩会、」という記事がありました。実は、三蔵会と慈恩会は非常に近い目的を持っている法会であるといえるのです。つまり、一方は玄奘三蔵、他方は慈恩大師という、いずれも法相宗にとって非常に重視すべき人物の忌日に行う法会です。しかし慈恩会の三蔵会への変更ということは、いったいどういう意味があるのでしょうか。いずれにしても、慈恩会が勤修しにくくなっているようすが室町後期に見えています。

史料に限りはありますが、平安後期から室町時代にかけて見られる慈恩会の変遷を追ってきました。

## 五　慈恩会の機能

続いて、慈恩会が果たした機能を見ていく必要があります。ただ、その前に今日でも現行の法会として行われている慈恩会の、室町時代における次第の様子を確認しておきたいと思います。まず、『大乗院寺社雑事記』に見える慈恩会の次第（表2）を示します。

この史料では十一月十三日には行われていませんが、十一月十三日を原則としての式日、と考えてください。ここには加行《けぎょう》の期間は記されていません。加行とは、竪者を勤めるためにさまざまな準備を行うものです。潔斎を行い、慈恩会の出仕にむけて修学を行う時点から実質的な慈恩会は始まっているわけですが、本日は取りあげませんでした。記録にしたがって簡単に説明します。はじめに竪者になる際に事前に自分の得意な分野を自己申告する「義名《ぎみよう》」が記されています。つまり受験者の、得意な分野から出題されるシステムになっているわけです。維摩会でもまったく同じようなことが行われており、当時の論義会に共通する部分のようです。

さて当日の次第《しだい》は準備、前作法と続きます。

表2では、一定の役割を負う人物が登場する部分は四角で囲んでいますので、その部分を見な

**表2　慈恩会次第**

竪者加行
入堂・社参
義名提出ほか

準備

一早旦奉行継舜権上座参ス、小衣也、以御承仕并上下ノ北面道場以下科理之、修理目代方科理事、番匠以下召進之、悉以奉行人申沙汰之、科理以後著鈍色・指貫・五帖、
次世俗集之中綱参ス、大饗以下悉儲之、仏前菓子六坏同儲之、仏具并仏供御承仕構之、本尊同奉懸之、
次仏前以下燈明本承仕儲之、油通目代沙汰也、至番論義之時沙汰之、
次供目代参ス、自当間著座、前攅承仕置之、

前作法
諸役入堂
講読師登高座

次講問役以下諸僧出仕、会始僧綱・已講・小中座此三方自出世奉行方催促之、自余ハ供目代催之者也、
次供目代立座テ諸僧皆参之由、以奉行人申入案内了、
次寺務御出仕、鈍色・平ケサ、
次仏後磬台献唄役之前、
次香呂箱承仕持参、
次[講・読師]登高座、講師法服表甲、読師鈍色・甲、

次唄、此問ニ花籠引之、本□寺務御分遮之、
次散花、弥勒、
次表白、
次論義、此問ニ花籠撤之、令持参箒花払之、
次講・読師退出了、
次香呂箱出之、
次磬台如元、
次寺務御盃三清賢法橋進之、役送在之、則退帰、
次僧綱盃孝承寺主献之、役送アリ、
次已講盃慶有寺主献之、役送アリ、
次小中座幷成業盃役送献之、
次供目代以下円堂盃長谷寺法師献之、六人各鈍色、
次提進之、清賢、同役送在之、
次僧綱分孝承、在役送、
次已講分慶有、役送アリ、
次小中座成業分、役送献之、
次供目代分、長谷法師献之、
次第二献同之、
次令参承仕御箸之由申入之、

二箇法要
表白（神分勧請経釈）
講問論義
講読師退出

次第三献如前也、
次膳撤之、自末次第〱ニ上之、至成業・小中座・已講者、承仕上也、
僧綱膳役送上之、寺務膳清賢上之、役送在之、各先大小饗、次送物、
次以箒道場仏之、
次御廉下之、竪問衆退散了、
次第一竪者之精義者専懐五師、先著成業之座、
次移僧綱之座、
次光燈台・硯献精義者、
次木短尺置仏前、
次竪者登高座、三礼等如常、
次木短尺献精義、幷竪問役ニ引之、
次硯・光燈台献竪間、此間ニ竪者表白、
次論義、
次火鉢寺務幷僧綱・已講之前ニ置之、次供目代前ニ置之、
次寺務御退出、何故度時分、
次僧綱・已講・小中座・成業・問者・散花師退散、
次竪義以後竪者退出、
次精義退出、
次竪問退出、

「一献」

次第二竪義精義実心得業并竪問役出仕、
次寺務御前以下菓子・懸盤承仕献之、
次精義酒役送献之、自余如前、
次竪者登高座等如前、
次第三竪者毎事如前、
次第四竪者毎事如前、但精義善教房已講、仍配杓慶有、在役送、於僧綱之座献之、
次第五竪者如前、但精義善長恩房律師、仍配杓孝承寺主、役送在之、
次第六竪者如前、精義定清五師、仍役送勲仕之、竪義事了、
次竪者退出、
次道場斮理・本尊・高座以下悉撤之、為番論義也、
次論匠十四人皆参、用影供竪門(問)座、鈍色・五帖ケサ、
次番役著座、僧綱座、鈍色・平ケサ、
次寺務御出仕、
次硯・紙・論匠交名置番役之前、
次手番次第番役書之、
次論匠交名奉見、寺務披見之、
次令見論匠、
次返渡番役、

（第一竪義）竪義 ←→ 準備 ←→ 番論義

次番役表白、此間ニ円座二枚敷之、
次論匠著座、則論義七双、
次円座撤之、
次寺務御退帰、
次番役并論匠退出事了、
（『大乗院寺社雑事記』寛政二年十二月条）

がら流れを追っていきます。講師は法会の主役の一人であり、講師が出仕して最初に「講問論義」が行われています。ただここで、現行のものでは四箇法要《しかようほう》を行うのに対して、中世の慈恩会では二箇法要《にかようほう》を行っています。少し簡略化しているというところでしょうか。また、維摩会や慈恩会に関しても表白《ひようびやく》という面白い史料が、残っています。法会のなかで一定の役割を果たす人物が、自身の論義を行う前に表白というのを読み上げる文章が表白です。当時の人たちの法会に対する意気込みが伝わってくる史料であり、これは国文学の領域でもずいぶん研究が進んでいます。この表白の中に経釈《きようしやく》の部分があり、中世の時点では弥勒上生経、下生経、成仏経などのお経の経釈が行われていたようです。経釈は法会の典型的なプログラムとなっていました。

講問論義に関してはあまり注意を払っていませんが、そのあとは「一献《いっこん》」となっています。お酒を飲んだりしながらやりとりをはさみ、そのあとにいよいよ慈恩会の竪義論義に入っていきま

**春日権現験記絵／興福寺　維摩会　番論義：**前机の前に立つ探題。前方には左右に竪義のための蓋高座が立てられている。(宮内庁三の丸尚蔵館蔵)

す。第一竪者から第六竪者まで六人の竪者が、この論義の試験に臨みます。その際、「精義《しょうぎ》」と呼ばれる人物が、その出来を判定する役割を担います。試験にあたっては、これらの役目を果たす人がいたわけです。

途中、第一竪義と書いてある少し手前に「木《き》短尺《たんじゃく》」というものが出てきます。これは論義を行う際の問題、すなわち、何を問答で取り上げるのかということが書かれている問題のことです。木に書かれているため木短尺と呼ばれますが、これが運ばれてきて問題が明らかにされ、その場で問答が行われるという竪義の様子がはっきりと見て取れます。

ただし、現行の慈恩会では竪義は毎年行われません。また、現行の慈恩会では重要な役目を果たす探題《たんだい》が、中世のプログラムでは一切出てきません。探題というのは、維摩会では問題を提示し、竪義論義自体を見守る非常に重要な存在ですが、その探題の存在がここにはないことも興味深い点です。

第六竪義まで終了すると、その後は番論義に入ります。番論義については先に維摩会の説明のなかで触れています。維摩会は七日間行うので、慈恩会に比して多くの次第《しだい》が組み込まれており、六日目に勅使を饗応するための論義として行われました。『中右記《ちゅうゆうき》』の作者である藤原宗忠も勅使として維摩会に行ったわけです。維摩会の番論義は勅使房の番論義と言われます。

番論義は竪義論義などとは少し違っており、この場合では「論匠十四人」とあるので、十四人の学侶が出てきて二人ずつ組になり、七組の人たちが論義をするということです。そしてこの番論義というのは、維摩会の場合でも慈恩会の場合でも、まだ比較的若い学侶たちがこの場で論義を披露するというような、若い僧侶たちにとっての一つの階梯という位置づけがありました。

以上、『大乗院寺社雑事記』の「慈恩会次第」により、中世の慈恩会を確認してきました。これは尋尊が寛正二年に慈恩会の全次第を記したものです。現行のものとはたいへんかけ離れている部分や共通している部分がいろいろあり、そこから何が言えるのかということは、今後の課題としたいと思います。

## 六　中世慈恩会の機能

ここでもう一度、とくに中世の慈恩会の機能に関して考えておきたいと思います。大きくは次のように分けることができます。

一、「(庚申)講」の発展……「講」から「会」へ
◇「談義」・「講」・「会」……次第の相違、社会的機能の相違
◇「講」の特殊性　〈例〉「毎日講」「浄名講」
二、学侶の登竜門
◇番論義
三、門跡の面目
◇「大儀」
四、維摩会の代替
◇擬得業

## 1 「講」から「会」へ

まず一つ目についてですが、これは先に慈恩会の由来のところで、実は慈恩会は、最初は庚申《こうしん》講《こう》という講であったという記事が出てきていました。『大乗院寺社雑事記』文明十二年(一四八〇)七月廿四日条には、

慈恩会ハ称庚申講、自初於別当坊始行之法会也、

と書かれています。〇〇講と〇〇会とは非常に似通った目的で行われるというのが一般的な理解ですが、ただ〇〇講といったときには法会以上にさまざまな性格、さまざまな目的があったのではないかと考えられます。そういう視点から見ると、かつて庚申講といわれて別当坊で行われていたものが、名前を変え規模を変えて、慈恩会として登場してきた経緯には、非常に興味があります。

ここで「毎日講」・「浄名講《じょうみょうこう》」を例に挙げてありますが、講にもいろいろあり、八講、十講、三十講のような規模の大きいものもあれば、日頃自房で繰り返し行う講、何らかの目的のため小さな規模で行われていたであろう講の存在がありました。実は会《え》より、もっと幅広い学侶の修学の様子を見ていくための手がかりとして、講のことを考える必要性を感じています。そして、談《だん》義《ぎ》や講、会のようなものが、もちろんそれぞれ仏教の教学に関するさまざまな議論の場となり、学侶が仏教教学に関する理解を深めて、そこに新しい解釈を求め、それを後の世に継承していくことこそ重要なことなのだ、それがわれわれの勉強する意義なのだと考えていたことを思うと、法会が、かなり重層的な、奥の深い修学の場であったと考えずにはおれません。

また、最初は庚申講であったものが慈恩会になったということは、講が会に発展した例としては、他にはほとんどみられないのではないかと思います。また講と会の関係、すなわち会のための準備段階として行う講が存在していたということを考え合わせると、講から寺家の法会への発展、プライベートなものから公なものへの発展があったと捉えられます。教育的な機能の相違が、講と会の間にはあるのかもしれないとも考えられます。これは難しい問題ですが、たとえばお寺に入って学侶になってから研鑽を積み、いろいろな法会に出仕していく過程において、比較的最初のほうに出仕するものに大規模な講があり、また一方で日頃行う勉強の場としての講があるので、講は会よりも一般的な修学の場であるということが考えられます。慈恩会はそういう講と会の関係について、何らかのヒントを与えてくれる素材であるかもしれません。慈恩会の機能の変遷、講から会への変遷についてみてきました。

## 2　学侶の登竜門

次は、学侶の登竜門について説明します。少し話が前後するところもありますが、慈恩会の変遷のなかで、慈恩会が行えず三蔵会を勤修するという件がありました。番論義に出仕していない若い学侶たちのことを考えると慈恩会を行わなければならないが、慈恩会が行えないので三蔵会を勤修するということが見えていたわけです。それと関連づけて『尋尊御記』の史料を見ると、

　一同会番論義事、観応二年七月三日、両門跡確執以来、都以連年不始行、学道迷惑之由、就寺家己心寺殿孝覚歎申入之間、被申入殿之下九条殿後報恩院殿経教、延文五年准維摩会番論義、以慈恩会之次可有番論義由、長者宣出来、於禅定院始行以来、自他門寺務之時連綿始行之、

と記されています。「一同会番論義事」とは、若い僧侶が出仕する番論義の由来について説明しているる記事です。そこで「維摩会《ゆいまえ》竪者《りつしゃ》歎《か》状《じょう》」（表3）を見てください。

興福寺の学侶がどのような順番で、法会や講に出ていくのかということが挙げられています。これは、維摩会の竪者になりたい、維摩会の竪者になる条件を備えているということを自己申告する文書です。その最初のところに維摩会番論義とあります。維摩会の番論義は、勅使を饗応するための論義ですが、慈恩会出仕にあたっては、維摩会番論義に出仕する必要がありました。慈恩会の代わりに三蔵会を行うという記事が出てきたことを考えると、実は維摩会の番論義が行えないので学侶の昇進が滞ってしまう、これに対応する手段として南北朝の時代に、慈恩会に番論義を付していったことがみえます。慈恩会の次第においては、慈恩大師の忌日法要に加えて、維摩会の代替の番論義として、番論義を行うことになったということになろうかと思います。

番論義が学侶の昇進の登竜門であるとなれば、慈恩会と維摩会の番論義が混同してしまいそうです。しかし、元来目的は一つであるので、維摩会が行えないために慈恩会に番論義をつくったものが、そのまま恒例化したのだということが明らかになっています。

後世のものですが、『興福寺《こうふくじ》住侶《じゅうりょ》寺役《じやく》宗神《しゅうしん》擁護《ようご》和讃《わさん》』（興福寺所蔵）によれば、

御八講ヤ維摩会・慈恩会番論義、懃メテ六方成上リ、学侶衆入リッツ、

とあり、「六方」になるためには学侶としての第一歩として、維摩会か慈恩会の番論義に出ることが記されています。慈恩会はいわば維摩会を代行して機能しており、それが中世の時代に、かなり慈恩会の性質を決定づけるものになっていったのかもしれないことが見て取れます。

表3　維摩会竪者勲状（『大乗院寺社雑事記』）

興福寺伝灯法師位定清誠恐謹言
　請被殊蒙恩憐因准先例賜当年維摩会研
　学竪義請状、
　　勤労
維摩会番論義　一年
春日御八講問者　一年
同番論義　一年
方広会竪義　一年
法花会竪義　一年
三蔵会問者　多年
慈恩会竪義　一年
観禅院三十講々師　多年
同問者　多年
興西院三十講々師　多年
同問者　多年
淄州会番論義　多年
撲揚講巡講師　数度
同問者　多年
興善院毎月講々問　数度
大供目代労
右謹撿旧貫、件竪義請者依修学労預恩請
者佳例也、爰定清撿螢志不浅三余学無懈
怠、就中大供目代者研学之規模也、而今
兼帯彼職何無抽賞之儀乎、望請鴻慈早預
件請者、殊浴明時恩沢弥奉祈聖運長久矣、
定清誠惶誠恐謹言、
　康正二年十二月日
　　伝灯法師位定清上

## 3　門跡の面目

三番目に挙げた「門跡の面目」について述べます。『大乗院寺社雑事記』に収められる「禅師《ぜんじ》御《ご》房《ぼう》慈《じ》恩《おん》会《ね》竪義事条々《りゅうぎのことじょうじょう》」（文明三年）に

　両門跡慈恩会ハ、大ニ良家・住侶之遂業ニ相替、以外大儀候、

と見られます。「良家」というのは、門跡が貴種であるとすれば、もっと低い出自の下の階層です。尋尊が、弟子の政覚《せいがく》の慈恩会竪義の際に事細かく次第を書き連ねている記事に、「両門跡」にとって、慈恩会の竪義の竪者を勤めるということは、良家や僧侶たちが勤めるのとはまったく違うのだということが記されています。また、「以外大儀候」とありますが、ここでいう大儀とは、経済的な負担が大きいことを示しているのではないかと思われます。このように、門跡の面目を守るためにもかなり華々しく、慈恩会の竪義を行わねばならないと記されています。

門跡は寺院社会のなかでかなり優遇されている階層ですが、その門跡であっても、僧侶として学侶として正当な学功を積んできたのだということは、他の僧侶の手前、決して欠かせないことです。つまり、いかに出自がよいからといって、エリートとして簡単に昇進してしまうのでは好ましくないということです。この時期はおそらく応仁・文明の乱の影響もあり、法会の勤修が困難な状態であったと想像されます。このような場合、他の階層の人たちとの差異を明らかにし、興福寺の門跡として、とくに慈恩会の場で研鑽の成果が認められる必要が出てきたといえます。

つまり、慈恩会を行うことが難しくなっているからこそ、門跡は慈恩会竪義を勤めるというこ

とが大切であったわけです。また、「興福寺僧徒前途次第《こうふくじそうとぜんとしだい》」（叡山文庫所蔵）には、次のようにあります。

一慈恩会・三蔵会　此間ニ臨時勤之、

一成業　供目代職上表之後補之、但維摩会竪義遂業之人者得業ト云、若維摩会久敷無之、遂業ツトメズシテ、直ニ昇進之人者擬得業ト云、

つまり、慈恩会であっても、あるいは同じような形式を持つ三蔵会であっても、いずれかの竪義を勤めれば、たとえ維摩会が行えなくても、維摩会を終えた学侶と同等の資格が与えられることになっていました。

## 4　維摩会の代替としての役割

興福寺にとって最も重要な法会を予定通りに毎年行うことが無理になってしまったときには、どうしても優劣をつけて何を重視すべきかということを考えなければなりません。たとえば「日本第一の法会」と『尋尊御記』においても称される、維摩会の権威を借りた法会の再編成がなされなければなりませんでした。つまり、七日間の維摩会が行えないときには、たった一日に凝縮された内容をもつ慈恩会に代えることも考えたわけです。また、慈恩会も行えないときにはもう少し規模の小さい三蔵会を勤修するということもありました。尋尊の時代にはこのような苦肉の策を講じることによって、法会を保持継承した様子が、見えています。

もともと南都の法会、なかでも南都を代表する維摩会には、諸宗の研学、南都寺院社会で重視しているさまざまな宗派をともに振興させていくという目的がありました。しかし、寺院の垣根を超えた形態で修される維摩会が行えなくなったとき、学侶の研鑽の階梯を寺内で完結する形にもっていかざるをえなかったのです。その場合、興福寺としては、法相を軸にした法会の体制を確立する必要が生じました。その結果このような変化が中世の後期に認められ、近世になってさらにその傾向が強まったものと思われます。慈恩会も、近世を乗り越え今日に至っているのです。

## おわりに

慈恩会の歴史を通して、興福寺の法会が諸宗研学の場から、教学の軸である法相重視の体制下で再編された可能性について考えてきました。維摩会の権威を慈恩会で代用していった過去の経験が、慈恩会の存続に大きな意味をもってきたのではないかと考えられます。

今回は慈恩会に関する中世の史料のみを取り上げてきました。近世になって慈恩会がどのような変遷を経て現在に至っているのかということに関しては説明が不足していますが、これは今後の課題としたいと思います。そして、現行の法会である慈恩会を知ることによって、むしろ今日ではその実態がはっきりしないものの、規模も大きく、南都寺院社会の歴史を知るうえで重要な維摩会の実態を解明する手がかりを得られるものと感じています。

**表1　興福寺年中行事一覧表**

※高山有紀著『興福寺維摩会の研究』（勉誠社、一九九七年）より

| 月日 | 『類聚世要抄』名称 | 『類聚世要抄』備考 | 『興福寺年中行事』名称 | 『興福寺年中行事』備考 | 『尋尊御記』名称 | 『尋尊御記』備考 |
|---|---|---|---|---|---|---|
| 正1 | 元節 | 成簣堂文庫本では闕（『大乗院寺社雑事記』所収の目録による）。 | | | 食堂元節 | 僧綱・綱職掌等出仕、堂衆同出仕、拝在之、 |
| | 長吏房節供 | | 寺家朝拝 | | | |
| | 長吏参詣春日御社 | | 一乗院列参 | | | |
| | 所司朝拝 | | 三綱拝 | | 寺務春日詣 | 号朝拝、拝礼、此日別会五師心経会吉日申定者也、 |
| | 職掌朝拝 | | 職掌拝 | | | |
| | 東西御堂修正 | 年中行事云、去年晦日従後夜始之、自正月一日後夜二七餘日修之、 | | | 東西勤堂修正 | 去後夜修之、寺務・僧綱円堂出仕、七ヶ日、 |
| | | | | | 庁屋御間食 | 三綱・職掌・中綱出仕、 |
| 2 | 律宗列参 | 或三日、 | 寺家有律拝 | | 寺務坊律宗拝礼 | 東西堂衆法服平袈裟事、 |
| 5 | | | 転法院修正 | 別会五師必定請之、 | | |
| 8 | | | 講堂讃説勤行 | 導師別会五師、或代官、 | 講堂讃説 | |
| | | | 観禅院修正 | 大導師別会五師勤仕之、 | 観禅院修正 | |

| 月日 | 『類聚世要抄』名称 | 『類聚世要抄』備考 | 『興福寺年中行事』名称 | 『興福寺年中行事』備考 | 『尋尊御記』名称 | 『尋尊御記』備考 |
|---|---|---|---|---|---|---|
| | 大極殿御斎会神供 | | 心経会始行所々講 | 早旦可令出仕仁、王経転読之、 | 金堂吉祥御願 | 号後七日至十四日事、 |
| | | | | | 講堂百座仁王経 | 毎月朔日修之、 |
| 11 | 神供参西金堂 | | 龍華院御忌日 | | 龍華樹院実覚忌日 | 本願権僧正頼信弟子、 |
| | | | | | 一乗院良円忌日 | 菩提山本願信円之弟子也、 |
| | | | | | 心経会并所講 | 以吉日修之、寺務徳日除之、 |
| 18 | 香水 | | 東西金堂修二月、香水取 | | 東西金堂香水取 | 行向東大寺二月堂阿迦井、為修二月也、 |
| 23 | | | | | 常楽会舞童師付之事 | |
| 28 | 炲煤払 | | | | 両堂炲煤払 | |

| | | | | | |
|---|---|---|---|---|---|
| 30 | 聖僧迎 | 日次問陰陽家、 | | 聖僧迎 | |
| その他 | 心経会<br>処々講 | 心経会同日、 | | | |
| 2 1 | 東西御堂修<br>二月始 | 西金堂　貞観三年始之、東金堂　正暦年中始之、 | 三蔵会 | 両堂修二月 | 自云晦日後夜修之、寺務・僧綱円堂出仕、 |
| 5 | 影供 | 又云三蔵会、覆殿座席如慈恩会、 | 報恩会 | 三蔵会始行 | 竪者二口於別当坊修之、本願、北円堂修之、 |
| 7 | | | | | |
| 14 | 報恩会 | | 常楽会 | 報恩会 | 号舎利会、奉出仏舎利塔婆故也、於金堂修之、 |
| 15 | 常楽会 | | 法花会 | 常楽会 | 号涅槃会、於金堂修之、 |
| 16 | 法花会 | | | 法花会 | 依熱田大明神託修之、二月常楽・法華両会、十月維摩会、合為三ヶ大会也、於金堂修之、 |
| 25 | | | | 春日社後深草院新卅講 | 於八講屋修之、(中略)五ヶ日、自正応元年初之、二季法会也 |

| 月日 | 『類聚世要抄』名称 | 『類聚世要抄』備考 | 『興福寺年中行事』名称 | 『興福寺年中行事』備考 | 『尋尊御記』名称 | 『尋尊御記』備考 |
|---|---|---|---|---|---|---|
| | | | | | 春日祭 | 初申修之、 |
| 3 3 | 節供<br>万燈会 | | | | 万燈会 | 於金堂修之、一向退転畢、 |
| 5 | | | 香山八講勤行 | | 春日香山八講 | 於新薬師寺修之、 |
| 15 | 春日西御塔<br>唯識会始 | 年中行事云、知足院入道殿下於春日御塔始勤修、 | 唯識会勤仕 | | 春日西御塔<br>唯識会 | 殿下御使等参向、 |
| 20 | 院御卅講 | 年中行事云、白川院御時、於春日御社始勤修之、十五箇日間、毎日二座法花経読之、 | | | 春日東御塔<br>院卅講 | 十ヶ日、 |
| 22 | 東大寺受戒 | | 清冷院（法観）御忌日 | 於一乗院長講堂被修之、 | 清冷院（法観）御忌日 | 三面僧坊以西ノ内在清冷院、 |
| 4 1 | 観禅院三十 | 自朔日始之、自四月 | 観禅院三十 | 自仁治三年、依寺家 | 観禅院三十 | 十五ヶ日、本者八講 |

| | | | | | | |
|---|---|---|---|---|---|---|
| | 講 | 一日十五ヶ日之間修之、 | 講勤行 | 之仰、僧綱・已講・成業等毎日出仕、結番事有其沙汰、 | 講 | 也、禅宗人初之、 |
| 8 | 浴像会 | 年中行事云、正暦三年始之、本者八講也或号仏生会、此日講浴像経、兼行異楽外、弁行僧供之、 | 伎楽会 | | 仏生会 | 号伎楽会、於金堂修之、 |
| 9 | 春日御八講 | | 春日社御八講 | | 春日社御八講 | 五ヶ日、在番論義、於八講屋修之、 |
| | | | 内山大僧正(尋範)御忌日 | 於禅定院丈六堂修之、 | 尋範御忌日 | 於禅定院丈六堂補修之、 |
| 14 | 諸堂夏講 | 上古講最勝王経、近来三弥勒経講之、 | 夏講勤行 | 於講堂行之、 | 諸堂夏講始 | 十安居等、 |
| | 春日御社安居 | 自四月十四日始行之 | 十安居 | 七堂司請定之、於御社惣宮率河之社者、大十師中勤之、 | | |
| 15 | 供講 | 役数同夏講、講最勝王経、 | 供講始行 | | | |
| | | | 大般若会 | 八講第三日任出仕交名、自上守次第請定之、 | 春日社大般若会 | 二ヶ日、於八講屋修之、 |
| 17 | 三俣戸御忌日 | 年中行事云、講堂被修之、 | 三俣戸御忌日 | 淡海公御息贈正一位左大臣房前本官正三 | 房前御忌日 | 於講堂修之、料所丹波国三俣戸荘也、仍 |

| 月日 | 『類聚世要抄』名称 | 『類聚世要抄』備考 | 『興福寺年中行事』名称 | 『興福寺年中行事』備考 | 『尋尊御記』名称 | 『尋尊御記』備考 |
|---|---|---|---|---|---|---|
| | | | | 位参議民部卿、北家、於講堂被修之、奉講三弥勒経、 | | 号三俣戸御忌日也、 |
| 18 | 菩提院卅講 | 自四月十八日十六ヶ日之間修之、年中行事云、本八講也、 | | | 菩提院三十講始 | 十五ヶ日、朝勤上人始之云々、 |
| 26 | 千部会 | | 千部経勤行 | | 千部会 | 於金堂修之、 |
| 5 5 | 節供 | 年中行事云、弁行節供如前々、但加施粽之、長吏房政所菖蒲葺事、仕丁等所課也 | 五月会 | | | |
| | | | | | 興西院三十講始 | |
| 8 | | | 大僧正（覚信）御忌日 | 於一乗院長講堂勤修之、 | 法務大僧正覚信忌日 | 於一乗院長講堂修之、 |
| 15 | 興西院卅講 | | | | | |
| 26 | 最勝講 | | | | | |
| 6 7 | 光明皇后忌日 | 年中行事云、請僧廿一人、兼自請之、僧綱・已講得業、 | 光明皇后御忌日 | | 光明皇后御忌日 | 料所京南四十八丁、於講堂修之、 |

| | | | | | | |
|---|---|---|---|---|---|---|
| 8 | | | | | 東金堂蓮華会 | |
| 13 | | | | | 深密会 | 修円(信カ)僧都忌日、於伝法院修之、一向退転畢、 |
| 14 | | | | | 信昭忌日 | 於一乗院修之、 |
| 15 | 東西御堂蓮華会 | | | | 金堂蓮華会 | 笠置上人再興、一向退転畢、 |
| 18 | | | | | 西金堂蓮華会 | |
| 20 | 楪楊講 | 廿日、廿一日の項にあり。 | 新唯識講 | 僕揚大師御忌日、昇進之始者可令出仕、 | 僕揚講番論義 | 二ヶ日、号新本唯識講也、於観禅院修之、 |
| 21 | 本唯識講 | 撲揚大師御忌日、寺家御出仕、論義十雙、 | | | | |
| | | | 法務権僧正御房（頼信）忌日 | 一乗院於長講堂被修之、 | 龍華樹院本願頼信忌日 | 維摩会縁起引聲者、講師頼信始之、 |
| 7<br>7 | 節供 | | 節供堂 | | | |
| 14 | 自恣 | 年中行事云、大衆参会於釈迦堂行之、 | 自恣十安居 | 十安居師者、各令進御巻数也、 | 自恣 | |
| | | | 御忌日 | | 大乗引本願隆禅忌日 | 於大乗院修之、 |
| | | | | | 講堂夏講結 | |

| 月日 | 『類聚世要抄』名称 | 『類聚世要抄』備考 | 『興福寺年中行事』名称 | 『興福寺年中行事』備考 | 『尋尊御記』名称 | 『尋尊御記』備考 |
| --- | --- | --- | --- | --- | --- | --- |
| 15 | 夏講結願<br>講最勝王経結願 | 七月十四・十五日於講堂修之、年中行事云、凡七堂皆安居師一人大十師也、 | 夏供両講結願 | | 願<br>夏供両講結願<br>春日安居御巻数進上 | 長者殿下事、 |
| 24 | 長講会始 | 四十ヶ日之間、於講堂修之、但初後日者於南円堂修之、 | 長講会始行 | 初日者、於南円堂被始行之、於中間者、於講堂被修之、在談義矣、 | 長講会始 | 白川大臣良房忠仁公御願也、（中略）初結日南円堂修之、 |
| 8 3 | 淡海公御忌日 | | 本願淡海公御忌日 | | 本願淡海公御忌日 | 四月十七日、六月七日、八月三日、合三ヶ御忌日也、於講堂修之、 |
| 5 | | | 香山八講勤仕 | 新薬師寺堂、其式如春季、 | 春日香山八講 | 新薬師寺修之、 |
| 15 | | | | | 護法講 | 和歌在之、於社頭屋修之、文安年中修之、 |

| | | | | | | |
|---|---|---|---|---|---|---|
| | | | | | | 護法論師忌日也、 |
| 9<br>4 | 春日八講始 | | 春日御社恒例八講 | | 春日社御八講始 | 五ヶ日、当季無番論義、於八講也修之、 |
| 17 | 若宮祭 | | (若宮祭) | 当社若宮御祭者、保延二年始行之、 | 春日若宮祭礼 | |
| 21 | | | 中僧正御房(玄覚)御忌日 | 於一乗院長講堂被勤修之、 | 中僧正玄覚忌日 | 於一乗院修之、 |
| 25 | | | 伊豆僧正(恵信)御房御忌日 | | 伊豆僧正恵信忌日 | 於一乗院修之、 |
| 27 | | | 菩提院僧正(蔵後)御忌日 | 於禅定院天竺堂勤行之、 | 蔵俊忌日 | 於菩提院修之、毎月修之、号興善院講、 |
| | | | 春日読経勤行 | 大会前後、任講師意楽不定事也、但多分大会以前令勤行事歟、 | 春日読経 | 定日無之、維摩講師仁修之、於八講屋修之、 |
| 30 | 法花会 | 年中行事云、於南円堂始自九月晦日至十月七日箇日也、以長講会講師即為講匠、法用僧者又同用長講 | 法花会勤行 | 七箇日於南円堂被行之、 | 法花会始 | 七ヶ日、於南円堂修之、竪義十三口在之、閑院大臣御願、弘仁年中始之、 |

| 月日 | 『類聚世要抄』名称 | 『類聚世要抄』備考 | 『興福寺年中行事』名称 | 『興福寺年中行事』備考 | 『尋尊御記』名称 | 『尋尊御記』備考 |
|---|---|---|---|---|---|---|
| | | 会法師等也、 | | | | |
| 10 10 | 維摩大会始 | | 大会(維摩会)始行時分 | | 維摩会始 | 七ヶ日、於講堂修之、竪者六口、藤氏大織冠御忌日也、四ヶ本寺・七大寺参勤、日本第一法会也、 |
| 16 | | | | | 大会結願 | 勅使等行向八室、拝講師、 |
| 20 | | | 東大寺受戒 | 三箇日之間勤行之、 | | |
| 25 | | | | | 春日社新三十講 | 五ヶ日、如春季対院三十講、云新三十講也、於八講屋修之、 |
| 11 13 | | | 慈恩会 | 於長吏房被勤行之、 | 慈恩会 | 竪者六口、本者稱庚申講也、今日慈恩大師忌日、於別当坊修之、 |
| 12 18 | 方広会 | | 方広会始行 | 於講堂被行之、 | 方広会始 | 七ヶ日、竪者口数亦不定、於講堂修之、 |
| 11 | 淄洲会 | | 淄洲大師御 | 於観禅院堂被勤行之、 | 淄洲会 | 淄洲大師忌日也、於 |

| | | | | | | |
|---|---|---|---|---|---|---|
| | | | 忌日 | 新古両唯識講衆会合、在番論義、 | | 観禅院修之、 |
| | | 成簀堂文庫本では闕（『大乗院寺社雑事記』所収の目録による）。 | | | | |
| 13 | | | | | 禅定院成源忌日 | 於丈六堂修之、 |
| 23 | 御仏名 | | 仏名懺悔 | | | |
| | 湯屋辻神祭 | | | | | |
| | 歳末読経 | | | | | |
| | 東西御堂禊 | | | | | |

注『類聚世要抄』（お茶の水図書館所蔵「成簣堂文庫」）。

『興福寺年中行事』（内閣文庫所蔵、『大和文化研究』12-8・9-12・13-5所収）。

『尋尊御記』（東京大学史料編纂所架蔵謄写本）。

# 法相論義の形成と展開

楠　淳證

## 一　法会と「論義」

私はかねがね、日本の仏教は、どの宗においても「論義《ろんぎ》」とか「談義《だんぎ》」を経て教学の研鑽がなされ、練り上げられていったのではないかと考えています。そういう思いから、法相の論義の研究を思想的な面、教義的な面からずっと続けてきたわけです。では、実際にどういう内容の論義がなされていたのかということなども交えて、話を進めたいと思います。

俗に「唯識《ゆいしき》三年、倶舎《くしゃ》八年」という言葉があります。私はこれを最初に聞いたとき、唯識は三年で十分にわかるのだなと思ったものですが、よく聞きますと、倶舎を八年勉強したら唯識は三年ですむということなのだそうです。そうすると、十一年勉強したら私でも唯識がわかるのかなと思ってやっていますが、いまだによくわからないというのが現状です。そのように、なかなか唯識というのは、私たちのような鈍才には難しいという面を秘めているようです。そのこともあってか、日本の昔のお坊さんたちは唯識を学ぶにあたって、ずいぶん苦労しながら研鑽を続けていました。

その苦労の最終的形態が「論義」であるといってもよいと思われますが、論義をする場合は必ず、諍われる義がまず立てられて、それについてお互いに経典、論疏等の出拠を明らかにしながら進めます。ですから、非常に広範な勉強をしていかないことには論義ができないという面があります。いろいろ見ていると、昔の和綴じの写本の論義書などには、最後によく「見仏聞法令法久住」という言葉が出てきます。簡単に言うと、仏にまみえて教えを聞くために、そしてまた教えを後代に残していくためにいま、勉学研鑽に励んでいるのだという意味合いのことが言われているわけです。

では、なぜこのような煩瑣な論理研究がなされていったのでしょうか。それは、真実というものがあまりにも奥深く、それを知るためにはさまざまな言葉や資料を用いて検討していかなければいけない。それを私たち凡夫のレベルに落としていくと、わからないことがあまりにも多すぎるため、その一つひとつについて義が立てられ、緻密な研鑽が進められていったのだということが考えられます。単に僧界での出世を求めてのことではなく、仏道実践の一還として論義研鑽が盛んになされたという面がたしかにあったと考えられるのです。

現在、南都の法要においてなされている主なものは、次の三つです。

①悔過《けか》……三宝に向かって自己の罪過を懺悔し、罪報を免れたいと願って修する法要。修正《しゅしょう》会《え》・修二会《しゅにえ》など。

②講式……仏・菩薩・高僧の功徳等を讃歎する法要。観音講式・地蔵講式・舎利講式・弥勒講式など。これらの次第を記す書は、別にまた「講私記」とも呼ばれます。

③論義……経典・論典などの問題点について問答する法要。これには勧学会《かんがくえ》・祖師会《そしえ》（御忌《ぎょき》会《え》）・年忌供養の三種があります。慈恩会は祖師会にあたります。

興福寺の現在のご住職に「現実にはどうなのですか」と聞くと、やはりこの三つが出てきます。このことを初めて聞いたとき、私がまず質問したのが、「唯識観という実践はなさらないのですか」ということでした。唯識観というのは、法相教学の実践です。「唯識の実践は何か」と問えば、それは「唯識観に尽きる」というのが鎌倉・室町期頃にはすでに常識になっていました。唯識ということによって真実を証知していく、そのときに真実を証知していく実践の方法、それが唯識観という観法なのです。

具体的に何を観じ取るのか。すべてが「唯識」であると観じるのですが、私たちは、実際にはいろいろなものを迷って見ており、みな「実有」であると思い込んでいます。その迷いの相《すがた》を取り去って真実を明らかに見ていく智慧の眼。「観」という字はだいたい智慧のはたらきですから智慧の眼で見ていく、そういう実践が唯識観なのです。

昔はさすがにこれも口伝だったらしく、なかなか教えてもらえなかったようです。師から弟子へと秘伝の形で教わるわけです。そういうものを文字にして開明的に示したのが、鎌倉期の良遍《りょうへん》（一一九四―一二五二）という僧侶でした。この方が、口伝であった唯識観法を文字にして体系的に秩序立てたのです。ですから、後に彼の著した書は、唯識観法の指南書として珍重されるようになりました。非常に大切に扱われるようになったのです。ところが、それから八百年近くたったいまの段階では、唯識観という実践行は行われてはいません。

かわって具体的に行っておられるのが、悔過とか講式、論義といった法会の形での実修です。これらもみな、いずれも「見仏聞法令法久住」のために最終的にはなされていくわけで、要するに仏道実践の一環であるととらえることができるでしょう。論義自体も、実は仏道実践の一環でもあり、結局、真実を悟るための一つの手段として教義研究が非常に緻密になされていったという面が否定できないのです。

たとえば、仏教では一乗思想、つまり誰もが仏になると説く側と、三乗思想、仏になれる者となれない者がいると主張する側との二つの対立がありました。法相教学は後者であり、一切皆成を説く天台宗などとずいぶん論戦がなされました。宗内・宗外で盛んに諍われたのです。そういうなかで「法会」が成立し、これが細かな教義研鑽を進めていく大きな一助となっていきました。

では当時、実際にどんな法会があったのでしょうか。主なものを記すと次のようになります。

①三会《さんね》……興福寺の維摩会《ゆいまえ》・宮中大極殿《きゅうちゅうだいごくでん》の御斎会《ごさいえ》・薬師寺の最勝会《さいしょうえ》（南京三会）。

②三講……宮中最勝講《きゅうちゅうさいしょうこう》・仙洞最勝講《せんとうさいしょうこう》・法勝寺御八講《ほっしょうじみはっこう》。

③『同学鈔』に出る諸講会……三蔵会《さんぞうえ》・撲揚講《ぼくようこう》・唯識十講《ゆいしきじっこう》・一乗院三十講《いちじょういんさんじっこう》・宝積院三十講《ほうじゃくいんさんじっこう》・別当房三十講《べっとうぼうさんじっこう》・唐院三十講《とういんさんじっこう》・春日御社三十講《かすがおんしゃさんじっこう》・寺家三十講《じけさんじっこう》など。

最も有名なのが三会です。①に挙げたのは南京の三会、南都の三会と呼ばれるものです。その後、②の三講が成立し、この三会、三講を経て僧侶は出世コースに乗るという形が定着していきました。それ以外に、『成唯識論同学鈔《じょうゆいしきろんどうがくしょう》』という書物に出てくる諸講会があります。③に列記したものがそうです。実にたくさんの法会が実際に、具体的になされていたのだということがうかがえます。こういった法会の論義を通して、細やかな研鑽が進められていくわけです。

いま、三講の一つである法勝寺御八講の問答記の共同研究を、縁あって一緒にさせていただいているのですが、こうした研究によって論義というものの進め方がずいぶん明らかになってきました。たとえば、『同学鈔』に収められている実際の論義の進め方、それも併せて考えてみると、論義にはやはり一つの基準、法則があり、それに基づいて進められていたことがわかってきたのです。

## 二　「法相論義」の進め方と性格

論義の進め方には、基本的に二通りの形式がありました。

①簡潔に一問一答がなされ、次に「進めて云く……、之に付いて……」の形式で論難が進め

られ、再び「答」となるもの。

②「問」に続いて「両方（両様）」とあって二様の難を立て「答」に至るもの。

一つは、まず簡潔に一問一答がなされます。問いがまずあり、それに対する短い答えがなされて、そのあとに問者側がどんどん論難を進めていきます。そして再び答えが返されるという形式が一つの基本となっています。

もう一つは、問いが立てられて、そのあとに答えが来るよりも先に、両様《りょうよう》という言葉が出てきます。両様という言葉は「両様」と「両方」の二通りの書き方があり、その問いに対して二通りの答えが考えられるということです。二通りの答えが考えられるということは、論難を立てる側は必然的に二通りの難を立てなければいけません。どちらの答えを出されてもこういう問題がありますよということを、具体的に難じていくわけです。それが「両様」の次に展開していくわけです。だから二様の難を立てます。Aということに対してはこういう問題点がある。一方、Bという答えであってもこういう問題点がある。そういう二様の難が立てられて、それに対して答えがあり、決判していく。そういう形で進められていきます。

しかし、論義を見ていると、これはそのときどきの答える側の見解によって答えが変わるので、ある者が言った答えが即ち「正しい義」とは限りません。別の人が別の答えを出します。ここに論義研究のやっかいなところがあり、いったい何が答えになるのか、いったいどういうふうにこの論義を扱えばいいのか、いろいろ私たちは苦慮するわけです。しかし、形としてはこういう形で論義が進められていくということが全体の傾向のようです。

いま、私は法相《ほっそう》の論義を研究しています。ここでいう「法相」とは、具体的には法相教学のことです。かつて、あの有名な玄奘三蔵がインドから持ち帰られたのは法相唯識でした。同じ唯識でも法相の唯識です。それを愛弟子の慈恩大師という方に授け、初めて法相宗（法相教学）が成立します。法相教学は玄奘三蔵ではなく、まさしく慈恩大師によって大成された教えなのです。なぜそうなったかといえば、玄奘三蔵という方は、インドから持ち帰った経典類の翻訳作業に手をとられ、せっかく持ち帰った唯識思想をはっきりと形にする余裕がなかったのです。そこで弟子のなかできわめて優秀であった慈恩大師基《き》という方にこれを授けたのです。授けられた慈恩大師は唯識の教えを法相宗、つまり法相教学という形に大成していくわけです。それ以降、法相宗、あるいは法相唯識という名称が伝わっていくことになります。いま、私は「法相の論義」と言いましたが、これは法相宗、すなわち「法相教学において展開した論義」という意味で使っているわけです。

その法相の論義ですが、主にどんなことについて論義がなされていったのでしょうか。だいたい論義がなされる場合は、他宗の教義と自宗の教義との比較のなかで違いがある面について論難を繰り返すものもあります。しかし、ここで法相の論義と言ったのは、自宗内のことで、基本的には『成唯識論』という法相宗の根本論典に出てくる教えの一つひとつについて事細かに義を立て、論じたものであると考えてください。

その内容は、細やかな問題から一宗の大問題まで千百有余の数をかぞえています。具体的な数はあとで述べますが、一千百余りの論義が現在残されているということです。

『成唯識論』は、世親《せしん》菩薩の『唯識三十論』についての十種類の注釈書を糅訳《にゅうやく》したものです。世親菩薩という方は唯識思想を大成した方ですが、この方がお書きになった唯識についての短い偈が『唯識三十論』です。この書を注釈する方がたくさん出られ、そのなかでとくに偉大な方々を十大論師《じゅうだいろんじ》と言っていました。その十大論師の十種類の注釈書を玄奘三蔵がゆずり受け、持ち帰りました。これを翻訳するにあたって慈恩大師が大活躍するのですが、十大論師のなかでも護《ご》法《ほう》という方の説をいちばん正しい見解（正義）として、あとの方々の説を合わせて翻訳するというユニークな翻訳がなされました。これが糅訳というやり方です。このときに護法の説を正義《しょうぎ》としたのは、玄奘三蔵自身が護法の法流を受け、護法系の唯識を持ち帰っていたからです。そういう点で護法の説を正義として『成唯識論』が翻訳されたのです。そして日本において、翻訳された『成唯識論』に基づいてどんどん細やかな論義ができあがっていきました。

もちろん最初は、日本でも経典・論書・疏などの注釈がなされました。ところが、注釈をする過程で同時に法会の発達がありました。その法会の発展、発達が論義の場をつくるようになり、次第に『成唯識論』についての義を論ずる傾向が顕著になり、実際に具体的な法会の場で『成唯識論』についての論義が行われるという展開になりました。そのことがまた小さな諸講会を生む結果となり、さらなる教義研鑽が積み重ねられるという形で、論義の発展がなされていったのです。

**春日権現験記絵／談義**：春日社の幣殿にて、10日間に及ぶ「般若心経」談義の後、「唯識論」１巻が講じられた。（宮内庁三の丸尚蔵館蔵）

論議には本来的にそういう性格がありますので、面白いことに、答えがこうだというふうにはっきり決判されているものと、どうしても決判できずに違う意見を包み込みながら展開していったものとがみられます。むしろ後者のほうが多いのですが、違う意見を一緒に包み込みながら、鎌倉から室町、そして江戸へと続いていきます。そういう流れが生じました。

伝燈教学という言葉を私は大学へ入った頃に聞いたのですが、実は日本唯識の伝燈というのは、そういう異なった見解を大きく包み込んで流れていくところに特色があったのです。ですから、私たちがいま現実に論義研究をしていくにあたって、『同学鈔』にAという答えが決判されていても、それが正しいとは思わないことにしています。他のたくさん同種の論義書を見ていくと、必ず違った答えが出てくるのです。

だから、常にこれが正しい答えとして決判されているのだとは思い込まないよう研究を進めていかないと、とんでもない落とし穴にはまってしまうことになります。

## 三　長編の論義書―「論義抄」―

以上のように論義は平安時代に次第に形成されていきますが、そして鎌倉期に入る頃になると、これを総合的に研究した「論義抄《ろんぎしょう》」というものが作られるようになります。論義書には、千百有余のテーマについて総合的に集成・撰述された長編と、一論義についてのみ記す短編の二種類がありますが、現在、前者を便宜上「論義抄」と呼び、後者を「短釈《たんじゃく》」と呼んでいます。「論義抄」という言い方は、実は私が研究の便宜上勝手につけた呼び方であって、伝統的にそういう呼び方があったわけではありません。もちろん論義抄という言葉自体はあるのですが、私が使っている論義抄という言い方は「論義に関わる総合書」という意味で、私独特の呼称です。もう一方の「短釈」というのは、一つの教義内容、つまり一論義に関してのみ書かれている書です。この短釈という言い方は伝統的な言い方で、昔からありました。それに対して『成唯識論』全十巻すべてにわたる千百余りの論義を、総合的に研究し記録しているものが論義抄で、私はこれを論義に関わる総合書と定義づけたわけです。論義抄ができたときに日本の唯識の論義はほぼまとめられ、大成の域に達したと考えられます。

この論義抄には次のようなものが知られています。

①『菩提院抄《ぼだいいんしょう》』　法相宗の論義抄としていまに名の残る最古のものは、菩提院蔵俊《ぞうしゅん》（一一〇四―一一八〇）の『菩提院抄』です。本書は一時代を画する重要な論義抄であるにもかかわらず、残念ながら散逸して伝わっていません。ただ、巻六と種々の断片を残すのみです。しかし、その少ない資料等によって本書が、従来より常義とされる論義を収録する問答部分と、蔵俊の私的研究部分よりなっていたことが確かめられています。

②『唯識論尋思鈔《ゆいしきろんじんししょう》』　現存する最古の論義抄。蔵俊の法孫にあたる解脱上人貞慶《じょうけい》（一一五五―一二一三）が、建仁元年（一二〇一）に撰述したもので、通・別の二書構成をとっています。本書は、その奥書に「故上綱の変旧抄等に就く」とあるように、蔵俊の『菩提院抄』を規範として作成されたものです。文中にいう「本に云く」とは蔵俊の義をいい、「末に云く」とは貞慶の私釈をさしています。

③『成唯識論同学鈔』　活字化された唯一の論義抄。鎌倉から江戸期にかけて、長く法相学徒の「論義入門書」となりました。ごく初期のみ興玄《こうげん》（一一六一―一二〇二―）が編纂しましたが、後はすべて聖覚房良算《しょうがくぼうりょうざん》（―一一七一―一二一七―）の編纂になります。両人はいずれも貞慶の弟子でした。本書は長期にわたって編纂されており、少なくとも一一九四年から一二一七年までの二十四年余りに及んでいます。収録論義の総数は千百有余に及び、一テーマについて、収録論義・談義・私見の三つで構成されています。本書もまた、

〔中国三祖〕

慈恩大師基―淄州大師慧沼―撲揚大師智周

〔日本相承〕

◎北寺系　玄昉―善珠―昌海―基継―空晴

真喜―主恩―永超―湛秀―覚晴―蔵俊☆1

仲算―真興―清範―真範―頼信―覚信

覚憲☆2―信憲―英弘※―英玄―英禅―顕範

覚憲☆2―貞慶☆3―良算☆4

興玄※

璋円

覚遍―縁円―縁憲

円玄

◎南寺系　道昭―行基―勝虞―護命―仲継―明詮―円宗

仁斅―定昭―定好

図1　中国三祖と日本相承の系図

『菩提院抄』を規範として作成されている点に留意すべき点があります。

**④その他**　知足院英弘《ちそくいんえいぐ》（一一五九―一二九九―）の『成唯識論知足鈔』、良算の『愚草《ぐそう》』などの存在が確認されています。

したがって、法相宗の論義抄としていちばん古いものは菩提院蔵俊という方が書かれた『菩提院抄』ということになります。

中国三祖によって法相教学が大成されましたが、そのときの開祖が慈恩大師、第二祖が淄州《ししゅう》大師《だいし》、第三祖が撲揚大師《ぼくようだいし》です。この三祖から直接授けられた唯識が日本に伝わってきます。北寺系というのは興福寺を本拠地として展開していった唯識の系統です。一方、南寺系というのは元興寺を本拠地として展開していった系統です。南寺系の唯識は北寺系のほうに統合されていくため、北寺系が主流になります。図1の系図で統合されていく経緯を見ると、南寺系の定好《じょうこう》から、真範《しんぱん》のところに線が伸びています。このあたりで両学系の拠点がまず統合されます。すなわち、興福寺のなかに南寺系の拠点が移ることによって、両学系の拠点が一寺に統合されていくことになるのです。

その後、☆1の蔵俊という方がいますが、この方になって教学もまた一つに統合されていくようになります。いよいよ一本の線になってくるわけです。この蔵俊が『菩提院抄』を書かれました。『菩提院抄』を書くにあたって実際に行われた論義をこの方は収集し、それを『問答』という名称で整理されたのです。一方で、その『問答』をもとにしながら自らの論義研究、思想研究を深められました。それが『変旧抄《へんくしょう》』という書です。問答の部分と変旧抄の部分、この二つを合わせて『菩提院抄』といっています。ですから、『菩提院抄』というのは過去に実際に行われた論義問答を集めた部分と、蔵俊の研究部分からなっていたことになります。しかし、すでに述べたように現在は残念なことに散逸し、残っていません。一部分残っているのが『成唯識論』の巻六にあたる『菩提院抄』です。これが大日本仏教全書の『同学鈔』に紛れ込んでいます。『同学鈔』という書物は、残念なことに巻六がまったくないのです。代わりに大日本仏教全書はこの『菩提院抄』で補っており、それが幸いして『菩提院抄』は巻六だけが残っています。あとは細かな短編としていろいろなところに残されているものしかありません。そういう形でしか現在残っていないのです。

そうすると現存する最古の法相の論義抄はどれになるのでしょうか。それがその次の『唯識論尋思鈔』です。これは蔵俊の法孫、つまり孫弟子にあたる解脱房貞慶という方が書かれました。図1の系図のなかでは☆3がそれに当たります。蔵俊のお弟子に覚憲《かつけん》という方がおられ、さらに覚憲のお弟子に貞慶という方がおられます。その貞慶が書かれた論義抄です。

この論義抄は『菩提院抄』を手本にして作っているため、やはり問答部分と私的研究部分で成り立っていました。問答部分は俗に『尋思通要《じんしつうよう》』と称されました。一方、私的研究部分は『別要《べつよう》』という言い方で示されています。これは後世になって使われ出した言い方で、どちらも『尋思鈔』

ですが、『尋思別要』と呼ばれるほうには小さく「別」という字が打ってあります。これは貞慶ご自身が打たれたものですが、それでのちの人が『尋思別要』というようになり、それ以外の問答部分を『尋思通要』と称したのです。ですから『尋思鈔』という書物も『菩提院抄』と同じように、いままでの論義を整理して具体的に示しておいてから私的研究がなされているわけで、この点に特色があります。とくに『尋思鈔』では、「本に云く」と引いているのが、『菩提院抄』で、「末に云く」と記されているのが貞慶の私釈です。そういう点までは今までの研究で明らかになっています。

三番目に出てくるのが『成唯識論同学鈔』です。『尋思鈔』という書物は残念ながら活字になっておらず、現在、大谷大学、龍谷大学、佛教大学、高野山大学などに未活字の状態で収められています。それに対して、活字化されたこの当時の唯一の論義抄が『成唯識論同学鈔』です。これは非常に重要な論義抄で、鎌倉以降江戸期にかけて、長く法相学徒の「論義入門書」になりました。入門書というと、ついつい初歩的なものを学んでいくもののように誤解されがちですが、法相の教義を勉強し、それこそ「唯識三年、倶舎八年」以上の勉強を十分積んだ方々が、いよいよ論義を本格的に研究しようとするときに最初に参考にしたのが、この『同学鈔』だったのです。

『同学鈔』を編纂したのは興玄と良算という方です。ただし、興玄は一一九四年の奥書しか残っていませんので、ごく初期でやめたようです。それを引き継いだのが聖覚房良算でした。この方が二十四年ほどにわたって『同学鈔』を編纂していきます。この二人はいずれも解脱房貞慶のお弟子です。

『同学鈔』が成立することによって、法相宗の論義研究が大きくまとめられ、公開される状況になってきました。それまでは、どんな論義があってどう論じられていたのか、なかなか全体像が見えていなかったわけです。『菩提院抄』や『尋思鈔』でまとめられたとはいっても、これは千もありませんでした。それに対して『同学鈔』は二十数年にわたってまとめあげられたものであり、細かいものも含めて千百有余もありました。

こんな煩瑣な、こんな些細な論義をしても意味がないじゃないかと思うようなものまでが収められています。私はいま『同学鈔』の解説を作っているのですが、「こんな論義、本当に意味があるのかな」と思うようなものもあります。また一方で、一宗の大問題となるような論義もあります。それを一切合切整理してまとめあげたものが、『成唯識論同学鈔』なのです。

これを書いた良算は武家の出身ともいわれていますが、詳細な出自はわかっていません。身分的には決して高くなかったわけです。ですから書いた場所もはっきりとはわかっていません。ただ一箇所だけ「馬道房《めどうぼう》」という言葉が出てくるのですが、私はこれが最初はどこなのかわかりませんでした。それで興福寺のいまのご住職にお聞きしたところ、馬をつないでおく回廊を板で仕切ってつくった部屋だということを知りました。そういうところで『同学鈔』という書物が編纂されていったということが浮かび上がってくるわけです。

のちには『同学鈔』は法要のたびに丁寧に積み上げられ、『同学鈔』をその場に置いて法要がなされたというぐらい大切な書物になっていきます。ですから江戸期の論義を実際に見てみると、最初に『同学鈔』にどう言っているのかということが書かれています。それほどこの書物は、後世において重視されてくるわけです。

そのほかにどんな論義抄がその頃に成立していたか見てみると、少なくとも二書あったことが明らかになってまいりました。一つは、知足院英弘という方が書かれたものです。この方は一一五九年の生まれで、亡くなられたときはわかりません。ただ途中書かれている書物に一一九九年の記述があるので、一一〇〇年代の中頃から一二〇〇年代の初めにかけての人であったと思われます。この方が『成唯識論知足鈔』という書物を書いています。これも論義抄ですが、巻六のみが大日本仏教全書に入っています。なかなか大部の論義抄であったことがわかっております。

それから良算が別に『愚草』という論義抄を書いており、これも実はつい最近になって良算のものであると私が断定したものです。それまでは誰が書いたものか断定できなかったのですが、いくつもの資料をあたるうち、良算の名前の出ているものが何点か見つかり、いろいろな点から推考して良算の書であると断定したものです。当時はこのような総合的な論義抄がしばしば作られており、それによって論義が整理され、大成されたと考えられます。

# 四　短編の論義書――「短釈」――

一方で、一論義一論草の短釈がどんどん作られていきました。これが作られるのは、鎌倉期の初めから江戸期にかけてです。それまでは短釈というものは見られません。

現在、短釈が伝えられているところは、薬師寺、興福寺、東大寺、無為信寺、大谷大学、龍谷大学などで、総数三千近い短釈が現存しています。しかし、興福寺でまだ未整理の分があり、薬師寺から新たに出てきたものもあるため、本当は三千を超えています。薬師寺はいままで七百の短釈を数えていたのですが、また新たに出てきたということなので、三千を超えているのは確実です。それほどたくさんの短釈が現在残っているのです。

そうすると、一千余りの論義に三千近い短釈があるということになります。これは順当に、「一つの論義に三つの短釈が」というふうには計算できません。重要な論義に関してはたくさんの短釈が作られて残っています。いま、現存数の多いものを記すと次のようになります。

転換本質《てんがんほんぜつ》（三九）・証果廻心《しょうかえしん》（三四）・未決定信《みけつじょうしん》（三二）・若論顕理《にゃくろんけんり》（三二）・然是虚妄《ねんぜこもう》（三一）・仏果障《ぶつかしょう》（三〇）・此義雖勝《しぎすいしょう》（二八）・有法自相事《うほうじそうじ》（二七）・約入仏法《やくにゅうぶっぽう》（二四）・雖境《すいきょう》違順《いじゅん》（二一）・仏果心王《ぶつかしんのう》（二一）・変似我法《へんじがほう》（二〇）など。

テーマのことを「科文《かもん》」と言います。これは、論義の内容に応じてつけられるタイトル、すなわち論題のことです。いま、重要な科文とその現存短釈数を一例として示したわけですが、科文にはいろいろなつけ方があります。内容そのものについてつけたもの。たとえば、「転換本質」「証果廻心」は内容についてつけたものです。一方、「若論顕理」「此義雖勝」などは、問題となる実際の経論の文章からつけた科文です。このようなつけ方はしばしば見られ、たとえば「涅槃拠理性」という科文は、慈恩大師の『成唯識論掌中枢要《じょうゆいしきろんしょうちゅうすよう》』の「涅槃経は理性および行性の中の少分の一切に拠る」という言葉から出来た科文です。

このように何らかの文章をもとに取った科文と、テーマそのもの、内容そのもので作られた科文があります。内容そのものでは、「証果廻心」や「深密三時《じんみつさんじ》」などがそうです。「深密三時」というのは、要するに『解深密経《げじんみつきょう》』の説をもとに、三時教判が立てられたのですが、これについての論義ですので、こういう科文がつけられているわけです。このように科文というのは種々に立てられるわけですが、いろいろな面白い方法でつけられています。

科文がはっきりしているものでいちばんたくさん短釈が残されているもの、いま現在においてという条件つきですが、それが「転換本質」です。これには三九の短釈があります。「証果廻心」で三四、「未決定信」で三二、「若論顕理」で三一、以下、前に記した通りです。二〇以下のものを見てみると、一九短釈あるものが三論題、一八短釈あるものが五論題、一七短釈あるものが三論題などとなっており、一短釈しかないものは二四二を数えます。

『同学鈔』には、現在活字になっているものが二つあります。一つは大日本仏教全書の『同学鈔』。これは四十八巻あって一、一四八の論義テーマを収録しています。いま一つは『大正新脩大蔵経』の『同学鈔』。これは六十六巻、一、一二八です。その他、木版本の『同学鈔』で六十七巻、一、一一九を数えています。ところが、現存短釈で調べていくと一、三九九のテーマ数があります。つまり『同学鈔』に収め切れていないテーマがまだ二百ほど余分にあるわけです。それほどの数のものが長年かかって論義されてきたということです。

平安時代に論義テーマの原形が形成されていく期間があり、平安末期から鎌倉初期にかけてそれが論義抄の形で大成され、鎌倉初・中期からそれに基づいて論義研究が行われるようになったという流れが日本の唯識にはあります。そこで私は数年前に、日本の唯識の時代区分を論義をもとにすべきではないかと提起し、次のように区分しました。

①論義形成期…伝来当初より、論議抄が成立するまでの期間。注釈書や実際の論義を通して、後の千百有余にのぼる論義が形成されていった時代。

②論義大成期…前代の諸論義を集大成して、独自の研究を加味した『菩提院抄』『尋思鈔』『同学鈔』などの論義抄が成立した時代。

③論義展開期…集大成された論義の一々に対して詳細な研究がなされた時代で、具体的には『同学鈔』の成立以降を指す。
この時代は、短釈によって論義研究が展開した。また、『成唯識論』についての研修会（訓論）が積極的になされ、種々に論義された時代でもある。

いわゆる奈良・平安期の伝来当初から論義抄が成立するまでの期間、これを論義形成期とし、『菩提院抄』から『同学鈔』などの論義抄が成立するまでの時代を論義大成期と位置づけました。そして鎌倉以降の展開を、論義展開期というように定めたわけです。

こういう形で時代整理をし、論義抄と短釈をもとに具体的な法相の論義の思想研究を現在、行っているわけです。

## 五　論義の内容

### 1　三時教判

次に、どういう内容の論義がなされたのかを見ていくことにしましょう。

いま私は、『成唯識論』に収録されている論義の解説を作る作業をしています。すでに巻一の一から巻一の十三までの解説を作りましたが、ここではそのなかの三時教判《さんじきょうはん》と五姓各別説《ごしょうかくべつせつ》に関するものを例に話を進めます。この二つは、いずれも法相教学においては重要なテーマです。

まず三時教判ですが、図示すると次のようになります。

三時
- 初《しょ》時《じ》有《う》教《きょう》―『阿含経』等　※『華厳経』
- 第《だい》二《に》時《じ》空《くう》教《きょう》―『般若経』等
- 第三《だいさん》時《じ》中道《ちゅうどう》教《きょう》―『解深密経』等　※『遺教経』

皆さんご承知のように、中国に仏教が渡ると宗が立てられました。宗が立てられるときには必ず教相判釈がなされました。すなわち、仏陀一代の教えのなかで自宗の教えがいちばん仏陀のお説きになりたかった教えであるということを位置づけていくものが教判ですが、法相宗の教判は三時教判というものです。これは釈迦牟尼仏陀がお説きになった教えを三つに分けたものです。

まず初めに仏陀は「有」の教えをお説きになった。これは人というものが「有る」ということによく迷うので、「有る」ということを分析して教え、我に対する迷いを取り除こうとなさったわけです。これが「有」の教えであり、最初にお説きになったものです。次に今度は「空」という教えをお説きになった。これは、人々がもつ「有る」という迷いを完全に除くために説かれたものです。最後に有にも空にも執われないよう、いちばんすぐれた「中道」の教えをお説きになった。法相宗ではこういう分け方で仏陀一代の教相を判釈し、三時の教判を立てているのです。

ところが、このとき大きな問題が起きてしまいました。それは、最初に説かれた『阿含経』はなるほど内容的にも有の教えを説いていて、時間的にも内容的にも合っていました。ところが、『華厳経』も初時に説かれたのに、その内容は第三時中道の教えでした。ここに矛盾が生じたのです。それから、第三時に『解深密経』をお説きになりました。これは内容的にも時間的にもよく合致していたのですが、亡くなる直前にお説きになった『遺教経《ゆいきようきよう》』は時間的にはいちばん最後でも、内容的には有の教えでした。ここにも矛盾が起こってしまったのです。

そこでどうするかということで論義が始まるわけです。こういう矛盾をいかに解決していくか、そのためにいろいろなものを用いながら検討していきます。『同学鈔』の「深密三時」の論義でまず、出拠とされた典籍は『解深密経』と『成唯識論了《じょうゆいしきろんりょう》義《ぎ》灯《とう》』でした。『了義灯』は、第二祖の慧沼という方がお書きになったものです。次に『法華玄賛《ほっけげんざん》』、これは慈恩大師のものです。次いで『大乗法苑《だいじょうほうおう》義《ぎ》林章《りんじょう》総料簡章《そうりょうけんしょう》』と『成唯識論述記《じょうゆいしきろんじゅつき》』、これらも慈恩大師のものです。結局、慈恩大師の書物を三つ、経典として大事な『解深密経』『華厳経』『遺教経』、それだけが典籍として出てきており、しかもいろいろ人物も引っ張ってきています。宗家というのはだいたい法相宗では慈恩大師を指しますが、その他にも秋篠僧正善珠、天台の最澄、三論の道詮、華厳の慧苑といったあたりの名前が出てきます。そういう方々の見解を引きながら種々に論義が進められていったのです。

これに関して四つの短釈が、大谷大学に残されています。本当は四つ以上の短釈があるのでしょうが、いま確認できるのは四つだけです。

その内容は一様ではありません。『同学鈔』の趣旨と異なっているものもあります。これについて『同学鈔』にも、「先哲異義上古未決」とあり、いろいろな異義が立てられ、決判されずにいたことが知られます。そういうものが論義されているわけです。

その結果、面白いことには、これについて五つの説が競い立っています。

①年月に基づいて三時教判は立てるのだ。

②いやいや、教えの内容に基づいて分類していくのだ。

③年月を主にしながら、教えも兼ね合わせ、分類していくのだ。
④教えの内容を主に置きながら、年月を兼ね合わせて分類していくのだ。
⑤年月と教えのいずれにも同じように比重を置きながら分類していくのだ。

このような五つの説が出てくるのです。それほどにこの問題は一宗の大事でありながら、なかなか決着がつかなかった論義なのです。論義というのはそれほどに厄介な面を含んでいるというのが、この「深密三時」を見るとよくわかります。

「深密三時」の三時教判に関する論義は決してこれだけではなく、前後十ほどがこれに類する論義になっています。その前にある「証果廻心」も実はそうです。そういう付属するような論義が種々に出てくるわけで、そういうものがどんどん論義の数を増やしているのです。

## 2 五姓各別説

次に「五姓各別説《ごしょうかくべつせつ》」を考えたいと思います。背景から説明しますと、法相宗を玄奘三蔵が慈恩大師に授けるときに、「五姓の宗法はおまえだけに授けるのだ」とおっしゃったと伝えられているように、法相唯識というのは五つの姓類を立てるところに特色があります。すなわち、

**五姓各別**（**五種姓**）
- 声聞定姓《しょうもんじょうしょう》
- 独覚定姓《どっかくじょうしょう》

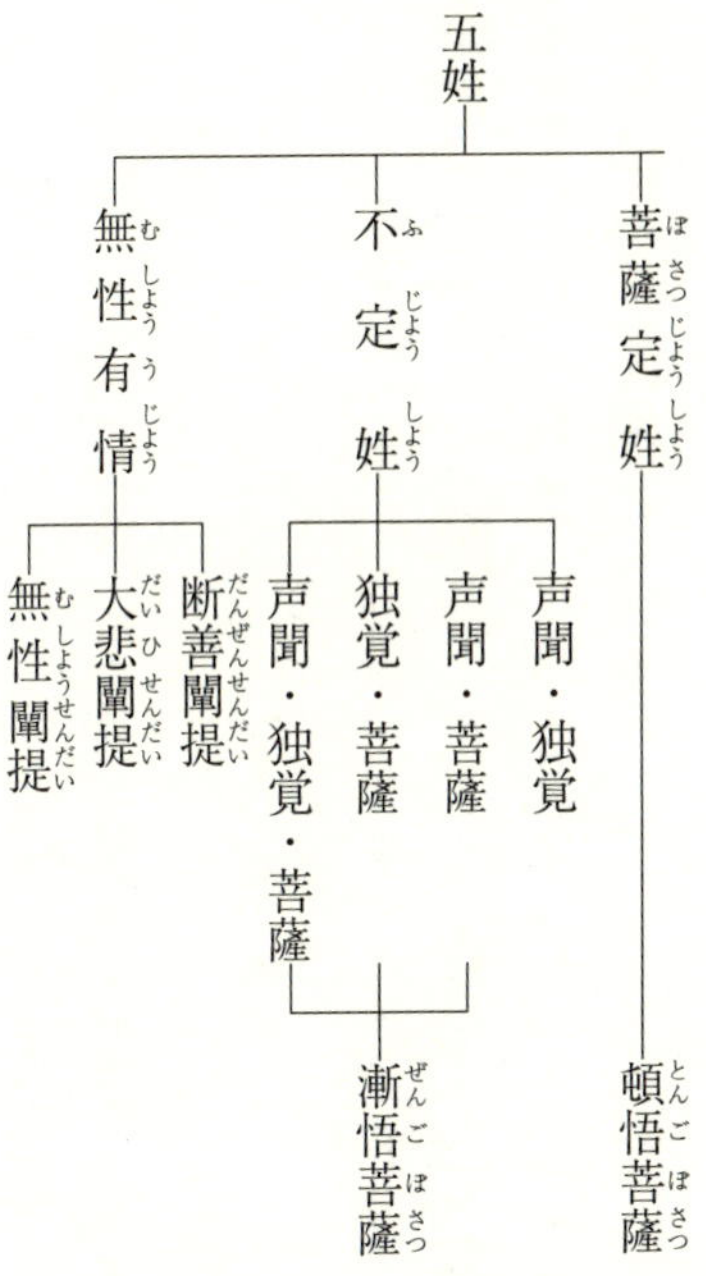


となります。

五つの姓類とは何かというと、簡単に言えば、仏になれる者となれない者がいるというのが法相教学の特色です。これに対して天台宗や華厳宗などは、みんな仏になれますよという説を立てます。

仏になれる者となれない者が出てくるのは、なぜか。悟りを開くためには智慧を育てなければなりません。その智慧を生み出す種を、とくに無漏《むろ》種《しゅう》子《じ》と言います。これは無漏の智慧を生み出す種です。この種の違いによって姓類の違いが生まれてくるのだというのが、法相宗の考え方です。

実際に釈迦牟尼仏陀（釈尊）がいらっしゃった当時は、声聞《しょうもん》と呼ばれる方々がおられました。

あるいは釈尊がお出にならなかったら、独覚といい、無師独悟《むしどくご》で悟りを開いていく方が別に出るといいます。そうすると、実際に仏になられた釈尊以外に、そういう声聞や独覚の機類がいるのだということが現実問題として考えられたのです。釈尊のお弟子はみな声聞でありますが、その方々は阿羅漢果《あらかんか》という悟りを開かれた。しかし、阿羅漢果という悟りは仏陀の悟りから比べると格差があるのです。その格差が出てくるのはなぜかというと、無漏種子の違いなのです。

三界迷いの世界を抜け出るだけの知慧を得させる無漏種子と、真実の悟りと一つになるほどの智慧を生み出す無漏種子。この二つがあるのです。だから、悟りにそういう違いが出てくるのです。菩薩というのは必ず真実の悟りを得る種を持っています。ところが、声聞と独覚はそうではないということで、この三つの違いがまずできました。

それから、その次に不定姓というのが考えられました。これは、声聞になる種と独覚になる種の二つを持っている人、声聞になる種と菩薩になる種の二つを持っている人、独覚になる種と菩薩になる種の二つを持っている人、声聞・独覚・菩薩になる種をすべて持っている人、こういう不確定な者たちを不定姓と呼んだのです。

つまり、必ず声聞になる、必ず独覚になる、必ず菩薩になるという人々をそれぞれ声聞定姓、独覚定姓、菩薩定姓といったのですが、そうではなくて、どちらになるかわからない、どちらにもなる可能性を持っているものを、まだ定まっていませんよという意味で、不定姓と呼んだのです。これが四番目の姓類になります。

そして最後に無性有情といい、どうしてもどうやっても仏になれない、そういう一類を置いたのです。これが五姓のあり様です。

インドではカースト制度というのがありますが、インド人にはもともとこういう考え方があったのでしょう。それが入ってきたのかどうなのか、この五姓の違いが唯識の中ではっきりと出てきます。これを宗要とする法相唯識を玄奘三蔵は慈恩大師に託したわけです。

ところが、中国から日本へかけて、一乗が真実か三乗が真実かをめぐり、他宗との間で大論争が起こるようになります。こうした点を背景に、「五性一乗」という論義が立てられました。これはまさしく、五姓各別思想と一乗思想の二つをテーマにしているので、こういう科文が立てられたと思っていただいたら結構です。この論義に登場するのが慈恩大師、弥勒菩薩、無著《むぢゃく》、天親、護法、真諦三蔵《しんだいさんぞう》、日本の徳一《とくいち》です。出てくる典籍は、『楞《りょう》伽《が》経《きょう》』『法華経』『仏性論《ぶっしょうろん》』『摂《しょう》大乗論《だいじょうろん》』『荘厳経論《しょうごんきょうろん》』『解深密経』です。教義の重要な言葉として、「五姓各別」以外に、「不定種姓」「一乗」「五性法爾道理」、このような言葉が出てきます。

『同学鈔』収録の論義ではまず、五種姓が真実であるという点に対して二つ難が立てられます。

その難の第一番目は、『法華経』はなぜ方便隠密の教説となるのかというものです。ご承知のように『法華経』は一乗を説いています。ところが、仏陀が一乗と説かれたのは方便隠密の説だということになれば、一乗と説いている『法華経』は方便隠密の教説だということになってしまう。どうしてそうなるのかという難を立てるわけです。

二番目に、法相宗の祖師である世親は『仏性論』のなかで、有種姓は了《りょう》義《ぎ》真実《しんじつ》の教え、無種姓は不《ふ》了《りょう》義《ぎ》方便《ほうべん》の教えと説いている。これは無性の存在を説く法相教学と相違するという言い方で難じます。このような難が示されています。

これに対して答文では、一乗と説くことについて『解深密経』や『摂大乗論』『荘厳経論』などには不定姓を導くための方便であると示されている、と答えています。他の短釈にはさらに反論が示されているのですが、『同学鈔』はここでひとまず止めています。

次に二番目の難に対しては、真諦三蔵が悉有仏性義を立てるために翻訳するときに少し個人的見解を加えて訳したにすぎず、世親の本意ではないと答えています。これはこれでまた反論の余地を残しているわけですが、ともあれ、それぞれの論難に対して的確な答えが示されているのがわかります。

次に「大悲闡提」を見てみます。これは、天台宗や華厳宗においても論義されているテーマです。大悲闡提とは、先ほどの五姓各別説の図の中の無性有情に分類されている闡提《せんだい》です。闡提というのは仏になれない者、「icchantika」を音訳した言葉です。

ところが、仏になれない無性有情を法相教学では三種に分類しています。一つが断善闡提、今一つが大悲闡提、もう一つが無性闡提です。慈恩大師は、このなかの断善闡提について、いまは仏になるための善い行いをせず悪いことばかりしている、だから仏になれないのだ。しかし、如来には大きなお慈悲があるから、そのお慈悲に出会えば必ず仏になる、といわれました。だから、断善闡提は闡提とはいいながらも、これは最終的には仏になる者であるというふうに解釈されたことになります。これは慈恩大師がおっしゃっているので、もう何の論義も起こらず決判されています。無性闡提のほうは仏性がまったくない闡提ですから、仏になる要素がまったくないのです。これもそのように決判されています。

問題となるのは大悲闡提であり、二様の見解が生じました。一つは、菩薩である以上は必ず、無漏智を生み出す種が大きく育っていって智慧を生み出し、仏に至る。菩薩である以上は必ずそうなる。だから大悲のあまりに人々を救い尽くすまで仏にならないといっている菩薩たちも、結局は仏になりますよという見解です。それに対して、いやいや大悲闡提というのは特別の闡提であって、絶対に仏にならない。衆生が尽きるまで仏にならない、そういう特別の誓いを立てた菩薩の闡提でありますというもので、ここに意見の対立が生じたのです。この意見の対立は平安時代の初期から営々と続くわけです。私が調べる限り、完全には決判がついていません。

『同学鈔』のほうでも、二つの説をそのまま記載する以外になかったようです。しかしこれは、ある人物を取り上げれば大悲闡提は成仏するという決判をしている。別の人物を取り上げると成仏しないという決判をしている。そういうふうに種々に見解が入り乱れているという現状を示すものでもあります。決してどちらかに偏るということもなく、どこかで決判がなされているというものでもない。そういう未解決のあり様がしばしばあったということです。

## 六　論義の意義

このような論義が、なぜこれほどまでに綿密になされていったのでしょうか。

学問研究というのは真実の悟りを得ていくために、まず基礎的な慧解《えげ》を起こし、育てていくべきものです。智慧によってまず理解する、この場合の智慧は有漏智です。まだ煩悩盛んなときに起こす智慧であり、この知慧によって理解していこうとする、そこから始まるのです。そこから始まって、やがて無漏智によって真理というものが直接悟られていくようになります。唯識の行者が法相の学問を始めるのも、まず有漏智によって理解しようとするからなのです。

論義の研鑽は、一方で「三会の労をもって僧綱《そうごう》に任じられる」ということがありましたから、エリートコースに乗っていくためには欠くべからざるものであったことも事実です。しかし、その一方で、仏道という観点から考えればこれは、仏になっていくためのいちばん最初の慧解を育てることでもあるのです。そもそも法相宗では、教相門・法相門・観心門の三門を立てます。いわゆる教相門は三時教判、法相門は法相教学、観心門は唯識観法です。このうち、論義は法相門の教学研鑽に相当し、その実践が観心門となるわけです。初心の行者は教学を研鑽し、方便の唯識観を実践するなかで、有漏の慧心によってもののあり方を理解するのです。

図2は、菩薩道の行位を示したものです。まず三界六道迷いの世界を輪廻している私たちが、

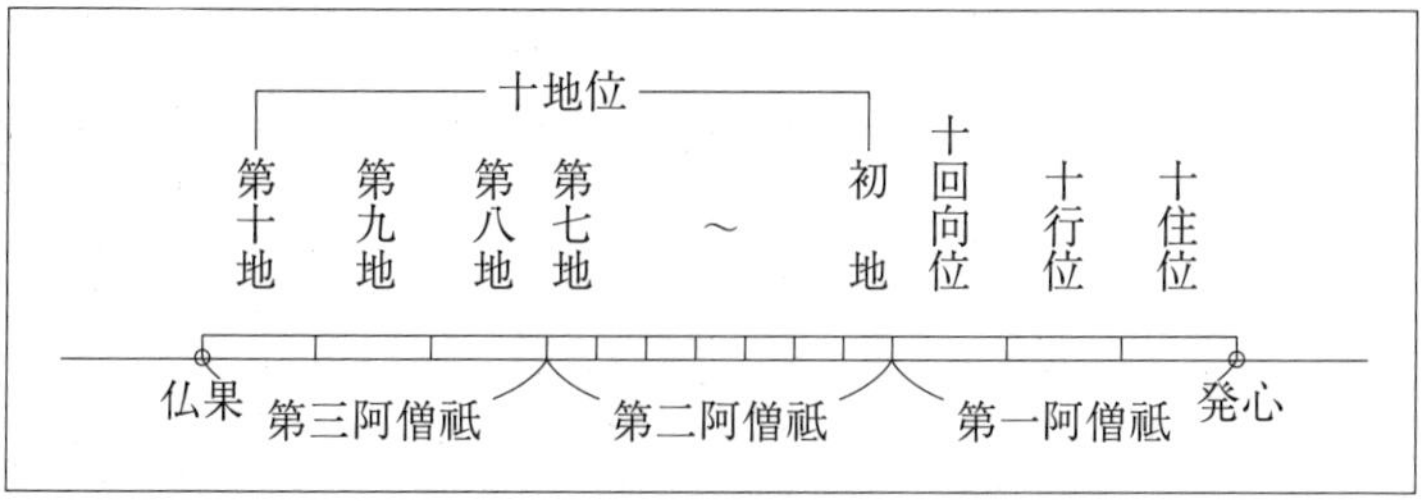


図2　菩薩道の行位

仏の教えに出会って菩提心を起こします。ここから菩薩の道が始まるわけですが、最初の十住《じゅうじゅう》、十行《じゅうぎょう》、十回向位《じゅうえこうい》というのは、まだ菩薩でも見習いの段階です。そして本格的に菩薩の実践ができる、すなわち無漏智が生まれてきて真理を悟っていける段階に入るのは、十回向位の次の初地《しょぢ》と書いているところに至ってからです。その初地から第十地《だいじゅうぢ》までの間にある菩薩が、いうなれば本格的な菩薩であるといっていいと思います。十地の位に入るまでの十住、十行、十回向の位は、一阿僧祇《いちあそうぎ》の修行を積んでいかないとクリアしません。一阿僧祇というのは、四十里立方の大きな入れ物に芥子粒をいっぱい入れて、三年に一粒ずつ取っていって全部なくなってしまう時間が一劫ですから、それの一阿僧祇倍がこの十住、十行、十回向を過ぎるまでかかるわけです。

　それからいよいよ十地の位に入ります。十地の位では二阿僧祇かかるのです。だから、三阿僧祇かけて修行しないと仏にはなれません。その最初の一阿僧祇の修行段階では、一所懸命学んだ真実・真理というものを思量することから始まります。思量して慧解を生ずるわけです。そして、それを実践によって知るのが初地の段階です。思量・修・証と言われるように、悟りを開いて仏果を得るには、まず有漏智によって真理を思量し、次に無漏智を実践し、真理に悟入するという段階を踏むといわれています。だから、まず菩提心を起こした菩薩は、慧解のレベルから始まるわけです。

それに対して当時の学僧たちは、自分たちが菩提心を起こし得たとはとても思っていませんでしたから、一所懸命学問し、慧解を起こそうとするわけです。細かい煩瑣な唯識の学問をこなすなかで、結局大事な教えの一番肝要なところを理解していこうとするわけです。ここに論義が発展していくもうひとつの余地があったと私は思っています。

これほど細かな学問をなぜしなければいけないのか、本当に煩瑣などうでもいいようなことまで論義しています。しかし、それは全体像を把握するためには必ず必要なことなのです。単に僧階のエリートコースを進むためだけではなく、縁あって法相の学徒となって道を歩んでいるのだから、一所懸命学問していかなければいけないという思いがあったことが、いろいろな人が書かれた書物を見ているとわかってきます。それらが背景にあったことが、論義の発展をもたらした、たしかな一つの要素であったと考えられます。

# 第三章　薬師寺の法会

**薬師寺　慈恩会　竪義**：蓋高座に登り２時間以上も問者と問答する竪者。竪義とは法相宗で最高の教学試験で、合格すれば已達となる。／平成８年　竪者：生駒基達氏

# 伝来古文書から見る法会

綾村　宏

## はじめに

寺院所蔵の史料のうち、かなりの量を占めるものとして法会《ほうえ》関係の史料があります。私が勤務をしている奈良国立文化財研究所歴史研究室では、南都諸寺を中心とした古文書や経巻類の調査を担当していますが、お寺でそのような史料を調査し、調書をとって写真撮影をする、そういうことを踏まえ、歴史的な事実の一端としてどういうことが言えるか、考えてみたいと思います。

法会には法会の趣旨があり、所作があり、礼拝の対象となる本尊があるというのが基本です。さらに時と場所があります。たとえば毎年四月に薬師寺では花会式《はなえしき》が行われますが、花会式は修《しゅ》二会《にえ》にあたる法会です。東大寺の修二会はお水取りで三月に行われます。薬師寺では四月に修二会が行われるのです。旧暦二月の行事が、新暦に変わるとお寺によって別の月になるわけです。このような期日の問題があります。また場所の問題もあります。さらに、法会を行うためには構成員が必要で、当然、僧侶が中心となって法会を行いますが俗人もいます。このような法会の趣旨、礼拝の対象、期間、場所、構成員などについて、寺院において古文書や聖教などの文字史料の中に書かれているわけです。一方、所作とかそれが行われる細々とした順序、そこで唱えられるお経の読み方など、なかなか紙に書かれた文字史料だけではわからない要素もあります。しかしこれまた法会を考えるうえで大きな要素と思われます。

また法会を行うときには、その場所にいろいろな設えをします。薬師寺の修二会は花をたくさん飾ることで花会式と呼ぶのですが、そのような設えはどういうふうにするのか、また、法会を行う費用がどういう形で捻出されているかということも大きな要素になります。皇族や貴族などが何かの目的のために法会を寺に行ってもらい、そしてその法会を行うのに必要な費用に充てるために田畑を寄進し、それによって法会が行われることもあり、一般庶民が結縁してお金を出し合って行うということもあるでしょう。

法会の趣旨、礼拝の対象、期間、場所、構成員、所作と順序、設え、経済的基盤、このようなことを一つひとつ押さえていってこそ、総合的に法会というものが歴史的な現象のなかできっちり位置づけられるのではないかと思います。

では、史料としてお寺の中にはどういうものが残っているのか見てみると、まず事実的なことを後日の参考にするために記録した類のものがあります。また法会で読み上げられるお経や声明の類があります。それぞれ宗派によって取り上げるお経が違ったり、読みが違ったりします。そ

**薬師寺　修二会　悔過作法：**須弥壇の周りを行道して散華し、会場を浄める。／提供：奈良新聞社

ういうことも当然大きな意味があり、それらは経文の振り仮名やヲコト点などの文字史料として残ります。また、いろいろな所作があるわけですが、どういう順番でどうやるのか、という問題があります。それを記した史料を「次第《しだい》」と言いますが、それも史料として残っています。経巻とか次第は宗教的なものですが、それ以外の宗教的でない種々のことも文書という形で残っています。たとえば法要を誰かが誰かに命令して行う、要請して行う、そのやりとりの文書があります。

こういうふうに文字史料として残る記録、経巻、次第、文書等を活用して、そのうえに先に述べた各方面から、法会を総合的に考えていかなければならないのです。

## 一　『黒草紙』『薬師寺新黒草紙』『濫觴私考』にみる法会

ここでは薬師寺の法会について考えるわけですが、すでに知られている史料のなかから法会を抽出していく作業を行います。そしてまず『黒草紙《くろぞうし》』『薬師寺新黒草紙（以下、新黒草子と略す）』『薬師寺濫觴私考《やくしじらんしょうしこう》』の三点から、そこに記載の法会を基本としてあげておき、表1に「既知の史料からみた薬師寺の法会」として示します。

『黒草紙』は、基本的には鎌倉時代の年中行事などを南北朝時代に写したもので、それにより中世に行われていた行事が大体わかります。『新黒草紙』は江戸時代の享保七年（一七二二）に成立したといわれますが、これは薬師寺の年中行事記で、いろいろな法会について詳しく書かれています。毎月恒例のものと年間の行事の二本立てで書かれています。表1では年間の行事を書き出しておきました。

『黒草紙』は、前半部は南北朝時代に書かれ、その内容は鎌倉時代の後半頃のものだといわれています。したがって前半は中世のものでいいのですが、後半はそれ以降に書き足しがいろいろあり、江戸時代の寛永期までのことを書き連ねています。内容は、法会については供目代《くもくだい》という立場の人間が自分の関わることについて書いてあります。したがって、場所や期日については多くの事項が抜けています。たとえば一つの行事があると、期日とか場所が書いてあるのではなく、

表1　既知の史料からみた薬師寺の法会

■『黒草紙』にみる法会　鎌倉期の年中行事を記した部分

| | | |
|---|---|---|
| 正　月 | 一日 | 吉祥行法（八幡宮） |
| | 十日 | 大般若祈禱（八幡宮） |
| | 十五日過 | 三蔵講 |
| | 廿二日 | 唯識講 |
| | 廿五日 | 最勝会 |
| 二　月 | 一日～七日 | 修二月会 |
| | 三日 | 聖霊講 |
| | 廿二日 | 唯識講 |
| 三　月 | 最勝会 | |
| 四　月 | 廿二日 | 唯識講 |
| 五　月 | 一日 | 三十講 |
| | 五月会 | |
| | 晦日 | 舎利講（金堂） |
| 六　月 | 蓮華会 | |
| | 晦日 | 解除会 |
| 八　月 | 廿三日 | 大津宮御祭 |
| 九　月 | 九日会 | |

十一日　八講
十　月　唯摩会
十一月　慈恩会
十二月　方広会
十講
廿二日　唯識講

■『新黒草紙』にみる法会　江戸時代享保七年（一七二二）成立

〈毎月恒例法会〉

二日　行基菩薩忌日
八日　薬師経百二十巻読誦　舎利講一座
十三日　舎利講一座
慈恩大師忌日
十五日　尊勝陀羅尼等読誦
十七日　東照権現宮御法楽論議一座
十七日〜十八日　観音講式読誦（東院堂）
廿日　舎利講一座　祚蓮和尚忌日
廿五日　文殊講式読誦（文殊堂）
廿八日　摩利支天尊前供養法一座（八幡宮）

〈年中月別勤仕法会〉

一　月　大晦日後夜～七日初夜　吉祥懺神名帳読経等（八幡宮）
七日後夜～十四日初夜　吉祥懺行法読経等六時作法（金堂）
朔日　節堂　　三日　十一面観音懺一座読経（招提寺金堂）
一日～三日　堂方護摩修行読経（護摩堂）
一日～三日　読経（西院堂）
朔日・七日　神供読経（弁財天社前）
八日　心経会（南門前）
九日　阿弥陀懺読経（招提寺金堂）
十日　大般若経転読（八幡宮）　常憲院殿御法事
十四日　薬師如来御身拭并内陣掃除
廿四日　台徳院殿御法事

二　月　修二法会（金堂）
十四日～十五日　涅槃会四座講式
彼岸一七日　心経幽賛講談（文殊堂御位牌前）

三　月　一日～七日　最勝会　退転
廿三日　春季薬師経壱日二十巻読誦（金堂）

四　月　八日　仏生会修行（金堂）
十一日　五重唯識論議（東禅院堂）

五月
十六日　継諶講論議一座（東禅院堂）
十七日　東照宮御法楽（文殊堂）
廿日　大猷院殿御法事
廿七日　伝法講成唯識論論議一座（東院堂）
晦日　有章院殿御法事

六月
朔日～十五日　法華三十講修行（八幡宮）
五日　五月会仁王般若経講修行（八幡宮）
八日　厳有院殿御位牌前御法事（文殊堂）
十六日　明円講講問十座（八幡宮）
朔日～五日　真読大般若経全部読誦（金堂）
十一日～　新談義并打集成唯識論講談（八幡宮）
廿日　興秀地蔵院寄進文殊講一座（文殊堂）　長懐講論議一座（文殊堂）
廿三日　夏季薬師経一百弐十巻読誦（金堂）
廿四日　福蔵院堯宗寄進地蔵講一座

七月
朔日～十日　新談議（八幡宮）
三日　長諶講論議一座（八幡宮）
七日　某会（西院護摩堂）
九日　長基講論議一座（八幡宮）
十三日　夏竟法事（八幡宮）

八月　十四日〜十五日　聖霊会　盂蘭盆会修行読経等（護摩堂）
十五日　放生会（八幡宮）
廿三日　勝馬田龍王神事法会
九月　彼岸中薬師経講（文殊堂）　中日彼岸講
九日　天武天皇御国忌御法楽
十日　明円講講問十座（八幡宮）
十月　十一日〜十五日　法華十講会（八幡宮）
十五日　夜菩薩戒三帰十善戒軌則授受（八幡宮）
十四日　文照院殿御法事（文殊堂御位牌前）
十五日　尊如講論議一座（八幡宮）
廿三日　懐禅講論議（東院堂）
廿五日　養徳院先住長胤講論議（文殊堂）
十一月　吉日一万巻心経読誦（金堂・八幡宮）
十三日　慈恩会竪義遂業（東院堂）
廿三日　冬季薬師経一百二十巻読誦（金堂）
廿四日　開山忌（護摩堂）
十二月　七日　元明天皇御国忌（金堂）
八日　法広会竪義遂業（東院堂）
十二日〜十四日　仏名講（金堂）

廿一日　祚蓮和尚忌日法事論議并読誦等（文殊堂）
廿二日　持統天皇御国忌（金堂）

■『薬師寺濫觴私考』延宝八年（一六八〇）高範撰

正月　心経会　　二月　涅槃会　　三月　最勝会　　四月　仏生会
五月　五日会　　六月　万燈会　　七月　盂蘭盆会　　八月　蓮華会
九月　十講会　　十月　八講会　　十一月　慈恩会　　十二月　仏名会

修正吉祥行法　　十日　大般若　　十八日　蜂起
修二月大法会　　彼岸一七日心経幽賛（文殊院堂）
四月伝法講（東禅院堂）
六月朔日～十日　大般若経真読（金堂）　　十一日～廿日　唯識論講説（八幡宮）
七月朔日～十日　唯識論講説（八幡宮）
十二月　法広会

御国忌　　九月九日天武天皇　十二月持統天皇、元明天皇
三蔵講　　溜洲講　　撲揚講　　聖霊講　　開眼会仁王講　　文殊院堂毎日講　　今宮講（若宮）
大津講（天神）　権現講（東照権現）　長懐講（薬園院中興祖）　了長講　　継諶講
懐禅講（唐院）　長胤講　　長基講　　忌日講　　八幡講　　文殊講　　権現講
台徳院　　大猷院　　厳有院

その行事を行うために招集状をいつ頃書く必要があるかといった書き方がしてあります。『黒草紙』は史料としての性格付けを行う必要があり、読んでいくだけでは実態がつかみにくいという制約があります。

『新黒草紙』のほうには、年中行事として毎月恒例の法会と月別の法会とが整理された形で記述されています。これが当時の実態か、それとも理想的にはこのようであるということなのかわかりませんが、この法会の頻繁さを見ると、薬師寺の僧侶の法会に関わることの多さが印象的です。法会がいろいろ引き続いてどこかでは行われているのです。「お勤め」ということばを、寺院におられる人からよく聞きます。お勤めはどこのお寺でもですが、朝六時ぐらいからあるのは当たり前で、時には五時ぐらいから行われます。私たちが文書などの調査の仕事を始める頃には、お坊さんたちはもう、ひとつお勤めが終わっているということです。

次の『薬師寺濫觴私考』は、延宝八年（一六八〇）に高範《こうはん》というお坊さんが、自分なりにいろいろ薬師寺のことを理解するために書いた書物です。起源や縁起、法会についても史料をあげて記述しています。十二大会のそれぞれの法会が、各月にこのように行われるということが、彼の理解のもとに記述されました。これが実態かどうかわからないところも多いと思いますが、法会を書き出した書物の一つとして参考になるだろうと思います。

ところで『薬師寺濫觴私考』の最後には、江戸時代にいた僧侶の供養や、その僧侶に対する尊敬の念を表すような法会がいろいろあがっています。薬師寺が初めは官の寺院としてつくられましたが、次第に荘園領主的な寺院に変化し、さらに朱印状で所領を認められた江戸時代の寺になると、ある程度限定的な安定のなかの世界で、お寺の法会が営まれるようになっていったと思われます。身近な人の追善の法会が増えてくるということも近世の寺院の一つの特色、性格を表していると思います。

また、文殊堂には徳川将軍のそれぞれのお位牌を祀ってあります。それに対する法会をきちんと営むことで、朱印地を与えられた寺院としての義務を果たすとともに、将軍の代替りに対するある種の配慮が働いているといえます。このように、どうしても法会には徳川将軍というのが表に出ざるを得ない時代的な特色がありました。これらが、いままでよく知られてきた史料をもとにして考えられる薬師寺の法会の状況です。

## 二　大宝蔵殿の収蔵品

現在、文化財研究所では薬師寺の所蔵史料の調査を東京大学史料編纂所と共同でさせていただいていますが、次にその成果を整理していく過程での話を述べたいと思います。

薬師寺では、文字史料のうち経巻類は文書とは別のお蔵に置いてあります。それに関しては昭和二十八年、東京教育大学の中田祝夫先生や築島裕、小林芳規両先生などの国語学分野の先生方が作られた目録『薬師寺経蔵目録』が謄写版刷で出ています。ですから、薬師寺が持っておられる経巻や聖教の類は、その目録を見ていただければよいことになります。私たちはそれら経巻類の調査はしておらず、現在、大宝蔵殿という展示収蔵施設に収められている古記録、古文書、聖教の類を調査しています。そのなかでも、どちらかというと指定品などでなく、経箱や長櫃の中に収められている多種多様で、数量的にも多量なものを調査しています。

大宝蔵殿の中には、経箱が木箱で二十八箱あります。別に簞笥が一棹あり、以前は長櫃などに入っていたものを取り出して整理用紙箱に移し替えたものが二十七箱あります。現在は木箱分の調査がほぼ終わりつつあるという状況です。

その木箱には大小いろいろな種類があり、統一されてはいません。各所から持ち寄られたと思われます。二十八箱のうち、第十三、十四、十八、二十一、二十二、二十三、二十五函は主として法会関係が入っている箱で、そのことを示す墨書や貼紙があります。その内訳は次の通りです。

第十三函　「薬師寺大経蔵慈恩会」
第十四函　「修二要文書」
第十八函　「薬師寺最勝会表白」
第二十一函　「三十講五月会十講会」
第二十二函　「唯識論云々」
第二十三函　「修二会関係書類（貼紙）」
第二十五函　「東院堂万人講」「正徳二年六月吉日云々」

**表2　伝来古文書からみる法会**

〈吉祥悔過（八幡宮）〉

1　八幡宮吉祥悔過荘厳預差定状　享保二十（一七三五）～文政十三（一八三〇）［十三函四十三～百十八号の内］

〃　荘厳供奉敬白状　享保九（一七二四）～文政十二（一八二九）［十三函三十六～百十七号の内］

2　八幡宮吉祥（悔過、正荘厳円鏡）奉加状　享保十六（一七三一）～慶応三（一八六七）［二十三函五十七号］

3　八幡宮吉祥悔過算用状　一冊　永正十八（一五二一）～享保六（一七二一）［三函一号］

〈修二会〉

4　修二会練行衆交名［九函五～十三号、二十三函四号］享禄三（一五三〇）～元和十（一六〇五）、寛永二（一六二五）～十一、寛文六（一六六五）～嘉永二（一八四九）

5　修二会色々預差定［九函十五・十六号、二十三函五・六号］天文八（一五三九）～天正十二（一五八四）、天正十四～元和五（一六一九）、元和六～宝暦十四（一七六四）

6　修二会請定［九函二十七号、二十三函二号、二十五函百十九号］大永八（一五二八）、寛文三年（一六六三）～慶応二（一八六六）、文化八（一八一一）

～天保七（一八三六）
7　修二会壇供支配注進状并入用書案（九十一通）［二十三函二十八～三十三号］
延宝二（一六七四）～延享五（一七四八）、天保五（一八三四）～嘉永三（一八五〇）
8　修二会諷誦文并奉供状（六十一通）［二十三函九号］
天保二（一八三一）～文久二（一八六二）
9　修二会現餅等支配状案（百二十一通）［二十三函十二～二十四号］
永禄八（一五六五）←天文十三（一五四四）、元和二（一六一六）～万治二（一六五九）、
天和二（一六八二）～宝暦十三（一七六三）
10　修二月造花頭人注文（一三〇通）［二十三函十号］享保二（一七一七）～嘉永三（一八五〇）
11　修二月造花支配状（十六通）［二十三函一一号］元文二（一七三七）～明治四（一八七一）
12　修二月東西頭人壇供支配状（三十八通）［二十五函百十八号］明和二（一七六五）～享和二（一八〇二）
13　修二月会所作人請定［二十五函百十九号、十四函三～六十三号］
延享二（一七四五）～文化十五（一八一八）［慶長三（一五九八）～明治七（一八七四）］
〈吉祥悔過（金堂）〉
14　金堂吉祥御願練行衆請定［二十一函一～七号・五三号、二十三函五十五・五十六号］
天文十一（一五四二）～元和七（一六二一）、正保一（一六四四）～延宝八（一六八〇）、延

享四（一七四七）↑享保八（一七二三）、天明三（一七八三）↑寛延一（一七四八）、文政三（一八二〇）～慶応三（一八六七）、享保七（一七二二）↑元和三（一六一七）

〈五月会〉

15　造華五月会蓮華会日記　一冊　永正十四（一五一七）～天文十二（一五四三）［二函五号］

〃　一冊　永禄十一（一五六八）～寛永三（一六二六）［二函七号］

16　五月会使色々預差定（十九通）　享保二十一（一七三六）↑宝永四（一七〇七）［二十一函二十六号］

〃　（二十一通）　元禄四（一七〇一）↑延宝三（一六七五）［二十一函五十六号］

〃　（十五通）　宝暦三（一七五三）↑元文二（一六三七）［二十一函六十一号］

〈講関係〉

17　八幡宮三十講所作人請定　寛永～明治（とびとびで概ね続く）　宝暦三（一七五三）↑元文三（一七三八）

18　八幡宮十講所作人請定　寛永～明治（三十講より少ない）　宝暦二（一七五二）↑寛保二（一七四二）

19　八幡世俗支配状　一巻　天文二十四（一五五五）↑天文一（一五三二）［九函百二十号］
20　因明講着到　一冊　大永一（一五二一）～天正十一（一五八三）［二函四号］
21　長諶講着到　一冊　天文十（一五四一）～宝永七（一七一〇）［二函六号］
22　継諶講着到（東禅院）　一冊　元和八（一六二二）～宝永七（一七一〇）［三函六号］
23　長懐講記録　一冊　慶長十（一六〇五）～宝永七（一七一〇）［二函一二号］
24　長基講引付（八幡宮）　一冊　慶長十（一六〇五）～宝永七（一七一〇）［二函十三号］
25　懐禅講着到（東院堂）　一冊　慶長十三（一六〇八）～享保一（一七一六）［二函十四号］
26　舎利講着到　一冊　慶安四（一六五一）～正徳四（一七一四）［十一函十七号］
27　〃　一冊　文政十一（一八二八）～明治四（一八七一）［十一函十八号］
28　文殊講着到　一冊　天保九（一八三八）～明治四（一八七一）［十一函二十一号］
29　地蔵講着到　一冊　天保九（一八三八）～明治四（一八七一）［十一函二十二号］
30　了長講論議記録（東禅院）　一冊　慶長十一（一六〇六）～寛永七（一六三〇）［三函五号］
31　長胤講論議記録　一冊　寛永五（一六二八）～宝永四（一七〇七）［三函八号］
〈国忌〉
32　御国忌出仕衆交名　一冊　天正四（一五七六）～十四［三函三号］

第十八函は最勝会《さいしょうえ》関係の箱ですが、最勝会は薬師寺にとっては根本的な法会ということで、この箱には薬師寺表白《やくしじひょうびゃく》一巻だけが入っています。また第二十二函は唯識論《ゆいしきろん》関係の箱です。

現在それぞれの箱からものを取り出し、調書をとって写真撮影をし、目録を作成していくという作業が続いています。その結果の一部ですが、それぞれの箱の中にどのようなものが入っているかを書き上げたものが、表2の「伝来古文書からみる法会」です。

法会関係の史料が入っている箱から文書を取り出してみると、貼り継いだものもあれば一点一点ばらばらのものもたくさんあります。それを史料として一点ずつ調書をとっていくという作業を進めていくわけですが、同種のものが量的にたくさんあっても一つひとつ同じ作業をすることになります。

表2の中で、20〜32は冊子体になっています。一方、何通と通数で書いてあるものは1、2の吉祥悔過《きちじょうけか》関係（これは一通一通単独の文書が、紙撚《こより》で束ねられています）を除いては、一通一通が単独に存在するものの総数ではなくて、一通一通貼り継いだ形の法会関係の文書です。たとえば、9の「修二会現餅等支配状案《しゅにえげんぺいとうしはいじょうあん》」ですが、これは第二十三函に入っています。その箱には修二会関係書類という貼紙がありますが、その箱の12号から23号の十二点がそれにあたるわけです。その一点にはそれぞれかなりの通数の支配状が貼り継がれており、全体として百二十一通あります。これには通数が少ないものもありますが、平均的には十数通ぐらいで、ものによってはかなりの通数を貼り継いだものもあります。この支配ということばは割り当てるということですが、ずっと毎年毎年修二会のときに供える餅を割り当てる支配状が貼り継いであるのです。

ですから、ここに「伝来古文書からみる法会」ということで書き上げたものは、冊子は当然一冊ものですが、通数で書いたものは一通一通の文書を貼り継いで束になったものだと理解してください。すなわち号数と通数が異なるのは、一通一通ばらになっているのではなくて、束になったものだということです。

## 三　吉祥悔過の文書

次いで内容について見てみましょう。まず、1の「八幡宮《はちまんぐう》吉祥《きつしょう》悔過《けか》荘厳《しょうごん》預《あずかり》差定《さじょう》状《じょう》」と「八《はち》幡宮《まんぐう》吉祥《きつしょう》荘厳《しょうごん》供奉《くほう》敬白《けいびゃく》状《じょう》」を取り上げます。

1（1）（第十三函六十三号）

差定　明年八幡宮吉祥悔過正荘厳色々預之事

合

円鏡一面　造華二瓶

御明二備　小佛供六杯

炭一籠

第初夜　春堯房法印

1（2）（第十三函六十四号）

敬白　八幡宮吉祥悔過正荘厳之事

合

円鏡一面　造華二瓶

御明二備　小佛供六杯

炭一籠

第初夜　春堯房法師

第二夜　長尊房権律師
第三夜　忍観房擬講
第四夜　顕了房擬講
第五夜　文識房得業
第六夜　堯尊房
第七夜　澄性房
　右依例差定所如件
明和五年戊子正月七日　敬白

第二夜　長尊房権律師
第三夜　忍観房擬講
第四夜　顕了房擬講
第五夜　文識房得業
第六夜　堯尊房
第七夜　澄性房
　右為新年祈奉供所如件
明和五年戊子正月　敬白

1（2）「八幡宮吉祥荘厳供奉敬白状」は、調書をとるときにこの文書名でとったので、今のところ混乱を避けるために、ここではそのまま採用しましたが、内容的には吉祥天を本尊として行う吉祥悔過のときに、荘厳のために捧げた品目を書き上げたものです。ですから本当は、荘厳奉供状というような名前のほうがいいかと思います。

薬師寺の吉祥悔過は毎年年始に八幡宮で吉祥悔過を七日間行い、それが終わると金堂に移ってまた吉祥悔過が行われます。八幡宮では元旦から始まって正月七日まで行われます。そして最終日の七日の段階で、八幡宮を荘厳するために飾ったものをそれぞれが来年まで預かっておきますが、誰が何を預かっておくかということを決めた文書が1（1）八幡宮吉祥悔過荘厳預差定状です。

荘厳に使ったものは、最初に書き上げた鏡、造花、炭などであります。七日間悔過があるうち、初日の分は春堯房《しゅんぎょうぼう》という僧侶が預かります。そしてその後二日から六日間あり、最終日のものは澄性房《ちょうせいぼう》という僧侶が預かります。そのことを記した文書です。

一方、1（2）「八幡宮吉祥荘厳供奉敬白状」は、書き出しに「敬白　八幡宮吉祥悔過正荘厳之事」とあり、以下の記載は1（1）と同じですが、書き止めは「右為新年祈奉供所如件」とあります。したがって、これは明和五年（一七六八）正月の初日かその前日ぐらいに、仏前に法会荘厳のために、飾る品物と捧げる担当者を日毎に定めたものということになります。ですから順番は逆になりますが、1（2）で吉祥悔過を荘厳するためものを飾って、七日になって悔過が終わればそれをまた回収して、それぞれ預かる人に渡して来年まで引き継いでいく、そういうことを示す文書です。

八幡宮吉祥悔過の文書にはこの二種類が多量に伝来しているものとしてあるのですが、表2でわかるように、1（1）は享保二十年（一七三五）から文政十三年（一八三〇）までの分が、第十三函に入っているわけです。表2には、法会関係文書の主たるものを掲げましたが、この表のなかで「〜」で書いているものは、ずっとこの間の各年の文書が貼り継がれて継続して存在することを示しています。一〜二年抜けているものも若干はあり、またそれが全体に全部つながっているわけではなく、何巻に分かれているというものもあります。通数がたいへん多いため何巻かに分かれているのですが、しかし年号を追っていくとほぼ全部つながります。1（2）も享保九年（一七二四）から文政十二年（一八二九）までずっとつながっています。

さらに吉祥悔過について見てみると、3「八幡宮吉祥悔過算用状《はちまんぐうきっしょうけかさんようじょう》」があります。それは、法会が終わったらその法会の収支決算を、一冊の本にまとめて記録として残していることを示すものです。

3（第三函一号）

註進　八幡宮吉祥悔過算用状事 癸未

壱段五年代　　弥八 平松

（中略）

右大概註進之状如件

大永三年 癸未 正月六日少学頭長胤

これは大永三年（一五二三）から享保六年（一七二一）分が冊子本として残っています。これは一通一通の文書ではありませんが、基本的には一通一通の文書があり、それを保管して一年ごとにまた計算しなおして、収支決算の算用状に取りまとめ、それに練行衆交名《れんぎょうしゅうきょうみょう》や日記などをつけ加え、一冊にしているものです。なお、吉祥悔過は、八幡宮に引き続いて金堂でも行われます。

表2の14には、八幡宮ではなく、その金堂の吉祥悔過の練《れん》行《ぎょう》衆《しゅう》請《しょう》定《じょう》であります。

14
（第二十一函一号三）
請定　金堂吉祥御願練行衆之事
当別当　光弘五師「奉」（「」内別筆、以下同ジ）
（中略）
快秀大法師「奉」
右依例請定如件
慶長十二年十二月　日
別当（花押）

←

［3函2号］
（「金堂吉祥御願練行衆記録」抄）
天文十年金堂吉祥御願練行衆交名事
堂別当宗順房権律師
英乗五師　　長胤五師
堂司宥禅大法師　咒師宥照大法師

宥俊大法師　興範大法師
已上七人　堂童子二人

釈文を掲げました練行衆請定は第二十一函一号のうちの一通ですが、一号は慶長七年（一六〇二）から十五年までの九通が一括されています。第二十一函では、さらに天文十一年（一五四二）から元和二年（一六一六）までのものがひとかたまりに、また正保元年（一六四四）から延宝八年（一六八〇）のものがひとかたまりとして残っています。以下、延享四年（一七四七）から享保八年（一七二三）のもの、天明三年（一七八三）から寛延元年（一七四八）のもの、文政三年（一八二〇）から慶応三年（一八六七）のもの、享保七年（一七二二）から天保元年（一八三〇）のものというふうに、束ねられたり、連券《れんけん》になっている七つのかたまりが、第二十一函におさめられているというわけです。

## 四　文書保管はどのようになされたか

14の中で上方向の矢印「↑」で接続関係を示しているものが二巻あります。これは巻首からの年号の順が年代順と逆になっていることを示しています。普通、巻物というと、年代の古いものが巻首にあり、以下年代が下がっていきます。しかし、ここにある吉祥悔過請定のうちの二巻については、年代の古いものが巻尾にあり、年代の新しいものがいちばん外側、すなわち巻首にあるのです。二巻以外は年代順に貼り継がれていますが、請定の連券がこのような二種類の形で残っているのはなぜか、どちらが本来のあり方なのかが気にかかるところです。

法会が毎年継続して行われ、ほぼ同じような内容のものであるならば、ごく最近のものが巻末のほうに貼り継がれていたのでは、先例を参照しようとしても大変なことになります。昨年の文書を今回の法会に活用しようとすれば、巻物としてはいちばん外側に昨年のものがくるのが当然であり、それが去年はこうしたから今年はこうやろうと参考資料として利用しやすい形といえます。いちばん古い年代のものはいちばん奥にして、その袖に次年度のものを貼っていくと、昨年のものがいちばん外になることになります。今年の法会が終わったら昨年の文書の袖に貼っていく、それがいちばん、保管とその活用ということでは理解しやすいと思います。ですから「↑」のあり方が文書保管の本来のあり方であることをうかがわせ、そのことは昔の元の形を現在まで薬師寺の史料は伝えているというところを示していると考えられます。なお、巻尾に新しい年度の文書を貼り継いで行き、そのかたちのままで継承していくことも考えられます。その場合、いつかの時点でかそれ以後の分を貼り継ぐことを止め、その後現状のかたち、すなわち巻尾が巻き込まれたかたちに巻き直されたものでしょう。そして練行衆請定の内容は冊子体の記録（第三函二号）へと写しかえられておかれます。

それ以外の史料については、表2を一覧して、吉祥悔過関係文書と同様に江戸時代の他の法会関係文書も連綿と続いていることを理解していただければと思います。江戸時代は二百数十年ですが、そのうちのほとんどの年の史料が残っている法会もあり、ところどころ若干抜けているものもあります。それはまだ調査が全部終わっていないことと、文書が各箱に分散して収められていることがあって、私が現在整理した段階ではそれをつなぎきれなかったところがあるからです。確認してつないでいくと、江戸時代の史料の全部が残っているのではないかとも思われます。

このようにたくさん残っている法会はいいのですが、『新黒草紙』に記載されていて、その関係文書が残っていない法会はどうなのかという疑問もあり、そのあたりも今後、調査していきたいと思っています。

法会の史料のなかには、法会を行うために人々を招請《しょうせい》するための文書があります。また法会を行うときの、法会の中身に関わるような文書があります。さらに法会を支えるような世俗的な文書もあります。たとえば吉祥悔過の場合、招請の文書としては先ほど取り上げた金堂吉祥御願練行衆請定がそれに当たるでしょうし、世俗の文書、金銭の勘定とかそういうものに関わる文書であれば、八幡宮吉祥悔過算用状がそれに当たるでしょう。法会の文書については、そのような招請や所作、世俗などに三分類された見解があるわけですが、修二会の場合も、それぞれに当てはまる文書があることが、4から13の文書を見ていただければおわかりのことかと思います。

招請、所作、世俗と分類した場合、その招請とか世俗に関係する文書は、それを貼り継いでいったグループにそれぞれ入っていますが、一つひとつの法会の具体的な内容、たとえばそのなかで問答が行われるとか、仏教的な用語に関わることなど、そういう所作に分類される文書はなかなか貼り継がれていません。招請や世俗に関係する文書は、昨年度行われたことを踏まえて行うのが可能なため、ずっとそれを貼り継いでいくことによってそれを利用するシステムができあがったのでしょうが、所作に関わるような法会でやりとりをする内容、問答関係の文書については貼り継がれたものは見当たりません。

本論の最初に、法会を理解するための思想的な背景ということを掲げましたが、そのような宗教的な教義に関わることは、文書としてはあまり残さなかったようです。参考にするために少しは残るのかもしれませんが、どちらかというと、オリジナルなものは残さないほうがいいのかもしれません。残す場合は、ひとまとめの記録として集め、冊子本として残したり、また、オリジナルの形のままで残しておくのではなく、一つの網をくぐらせて残しておくということがなされたようです。法会の所作に関わるものの土代、草案は残っております。草案では書き入れがあるものは残るものもあるわけですが、それを一旦清書してすべてのやりとりをした文書は、比較的残らないのではないかというような気がしています。すなわち、草案や覚《おぼえ》のようなものと、法会が終わった後に記録として記されたものが主として残っているように思われます。

# おわりに

以上、貼り継がれて巻物状で伝来した文書の紹介を主として、薬師寺の法会関係文書のいくつかにつき伝存状況について述べてきました。最後に、再確認をしておきたいと思います。

招請の文書、所作の文書、世俗の文書という法会関係の文書の分類では、招請の文書と世俗の文書は、書式的には文書の先例を重視する形であるので貼り継いで保管されています。そのときに「↑」で示した形態の、年代の下がるものが巻物の外側にくるのが、本来的であったのではないかということです。現在、年代順になっているものは、貼り継ぎ方は年代の下る文書が奥になっていても、文書の先例を受け継ぐということで巻尾が外になるように巻かれていて、現状のかたちになったのは、それ以降の整理の過程でそうなったと思われます。時代の古いものを頭にもってくると、その文書は活用できないということですので、現状の時代の古い文書が巻首にある巻物の形態は保管の体制に入った文書ということになるかと思います。また所作に関わるような文書は、残されるとすれば単独で保管されていることが多く、さらにある時期に冊子体にまとめられるということが大体想定できるのではないかと思います。

すなわち、文書は単独で発給されるわけですが、内容によって、単独で発給したものをそのまま残しておくという形態と、その内容をいろいろ要点だけをとりまとめて書き写し、冊子体として残しておく形態があるということです。

所蔵の古文書には、古いものとして大永年間（一五二一〜二七）などのものがありますが、薬師寺は享禄元年（一五二八）に戦乱のなか被災して西堂、金堂、講堂、中門、僧房など主要な伽藍はほとんど焼けたため、『黒草紙』など若干を除き、この段階で薬師寺の文書、記録類は残念ながら焼失したであろうと思われます。一部残ったものと、大永などごく近い時期のものについては写しを作って残されたということです。燃えてしまって以後、薬師寺として文書はやはり大事に残しておかなければいけないという意識がより強固となり、その結果として、「伝来古文書からみる法会」（表2）にあげたように、各年確実に必要と思われる文書が貼り継がれて残されたのではないかと思います。

中・近世の薬師寺の法会は、惣寺として行うというより、八幡宮で行われたり、金堂で行われたり、文殊堂で行われたり、東院堂で行われたり、寺内の各ブロックで行われたということが重要だと思われます。いまはどこのお寺でも、お寺というと本堂と寺務所があって、本堂がお寺の中心で、寺務所で全体を取り仕切っているというイメージがあるわけですが、中・近世のお寺はそうではなく、ブロックのようなものがいくつか集まって、薬師寺という一つのお寺を構成していたのです。法隆寺には東院と西院という性格的に異なる二つの伽藍が存在したのと同じように、どこのお寺でも寺内にそれぞれのブロックで行う法会があって、それをそれぞれの院で支える僧侶がいたのだと思われます。

そして、これも大事なことだと思われますが、八幡宮で吉祥悔過が行われたということがあげられます。どうして元旦の初めの法会が薬師寺の中の八幡宮で行われるのか、神仏習合の状況、すなわち、廃仏毀釈の明治以前のお寺の状況、そのなかにおける神社が占める意味合い、それを、法会の具体的なあり方を考えながら究明していかなければならないと思っています。

ここに記した文書はそれぞれ経箱の中に収められていますが、それらの箱も規格的にまとまったサイズではなく、それぞれ区々です。ということは、明治時代から以降、金堂を中心にお寺がかたまっていって、各子院などで持っていた文書が本坊に集中し、そして現在の形になっているということだと思います。そうすると、いまのわれわれがもっている薬師寺というお寺に対するイメージと中・近世のイメージとはそのあたりのことが違うということで、法会を考えるときには、そのあたりの歴史的な性格も考えていかなければならないということがあると思います。

近世の法会関係の史料は、このように綿々と続いています。これは大切なことで、これによってまた薬師寺の法会の継続性ということが認識されると思いますし、それを具体的な伝存状況を示す史料として活用していかなければならないということがあると思います。しかしこれはまた逆に、昨年のことを参考にしながら文書作成をしているという作業の形での残され方であるということから、今度は本当にそれが実態を物語っているかどうかという認識も必要と思われます。「修二会《しゅにえ》上分米《じょうぶんまい》支配状《しはいじょう》」という文書がありますが、これは修二会の費用を各所領に配分して薬師寺に納めさせるというような史料です。古いところでは文永十年（一二七三）、鎌倉時代中期のもので、京大の影写本の中にあり、その釈文が紹介されています。それを見ると、そこに書かれているものと薬師寺にある江戸時代になってからのものとでは所領などは同じです。そういう継続性と、継続性のなかに含まれている実態を表している部分といない部分、そのあたりの分析を、今後の調査のなかで進めていかなければならないと思います。

# 法会の変遷と「場」の役割

山岸常人

## はじめに

私は専門の寺院建築を研究する際に、それぞれの寺院の法会が、非常に重要な意味をもつものであると考えてきました。南都のいくつかのお寺に関しても研究をさせていただいたことがありますが、薬師寺の法会については、私自身、あまりまだ深まっているとはいえません。しかし、主として建物に注目しながら薬師寺の法会の歴史と特質について考えたいと思います。

## 一　法会分析の方法

法会を分析するには、どういう視点があるのでしょうか。どのような視点に基づいて法会を研究すると、どういうことが歴史的に解明されてくるのかということは法会研究の基本的な問題です。まずそのあたりから考えていきたいと思います。

法会は仏教の儀式として伝えられているものです。それを構成要素に分けて考察していくことは学問的な方向として当然のことですが、その場合に、法会そのものと法会を取り巻くさまざまな諸条件、この両者を総合的に把握しておく必要があります。この二つのものは、それぞれ非常に複雑な構成要素からできているわけですが、そういう複雑な構成要素の関係を分析していくことが法会研究の重要な課題であり、そのことによって、さまざまな歴史的課題が解明できていくだろうと思います。

法会を分析する方法、分析の指標については、永村眞先生がすでに一つ基本的な指標をあげておられます。永村先生は『中世東大寺の組織と経営』という本の中で、

A　前提的な要素として

①本願主《ほんがんしゅ》

②「興由《こうゆ》」（本願主の願念）

③目的（利他、自行）

B　実施面の要素として

①主催者（参会者招請の主体、本願主重複する場合あり）

②会日《えじつ》（臨時、恒例＝年中行事）

③会場《えじょう》（＝主尊と勤修空間）

④出仕僧（＝聴衆《ちょうじゅ》）の構成と職衆参仕《しきしゅうさんじ》の形態（屈請僧《くつしょうそう》、結衆《けつしゅう》）

⑤勤修内容（法会形式、法要形式）とその背景としての教学上の条件

⑥経済的基盤

⑦意義（僧団内、僧団外）

をあげて、これらを基本的に見ていかなければならないといわれています。永村先生はこれらの要素を踏まえて、それらの相互関係を考察することによって東大寺に関する大著を著されたわけです。

　私としては、この永村先生の提示された案を踏まえながら、もう少し広げて、法会の要素と、論じうる課題の可能性という観点からまとめ、法会研究の視点についてのダイヤグラムを作成してみました。それが「法会分析方法」（図1）です。

　図の最初には、法会そのものは何かということを示し、法会の分析研究の視点としては、①法会内容、②法会研究の視点というふうに分けています。

　①の法会内容は「前提、形式、主要部、附帯部」と分けていますが、その中に、いろいろな要素が書かれてあります。それらの要素すべてを書き尽くすことはできないので、ここでは例示をしたにすぎません。このような要素に分けてみて、法会の内容そのものが分析できるかどうかということになるわけです。

　それに対して、法会を取り巻く諸条件として、②の法会研究の視点、「組織論、財政論、文書

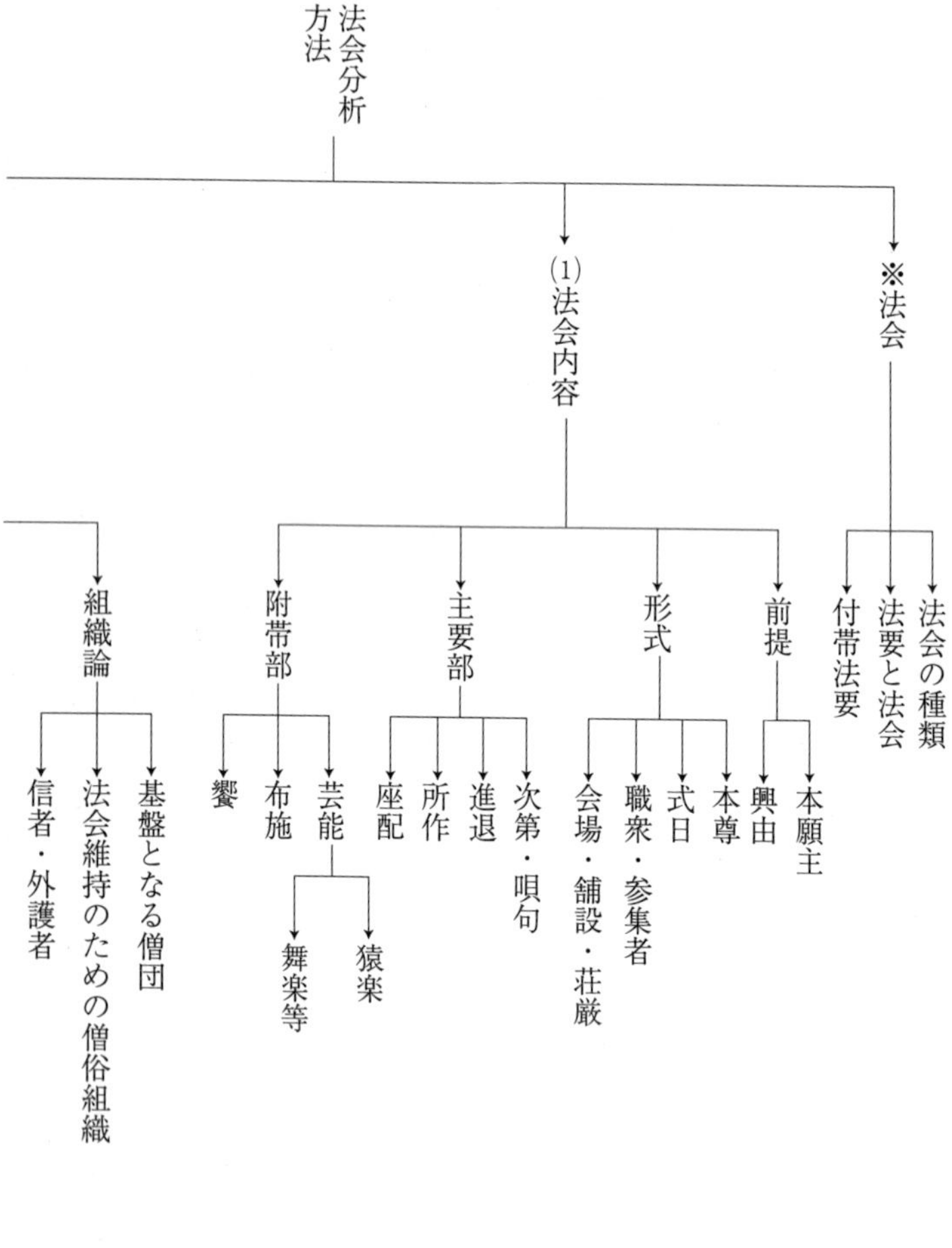

法会分析方法
※法会
法会の種類
法要と法会
付帯法要
(1)法会内容
前提
本願主
興由
形式
本尊
式日
職衆・参集者
会場・舗設・荘厳
主要部
次第・唄句
進退
所作
座配
附帯部
芸能
猿楽
舞楽等
布施
饗
組織論
基盤となる僧団
法会維持のための僧俗組織
信者・外護者


図1　法会分析方法

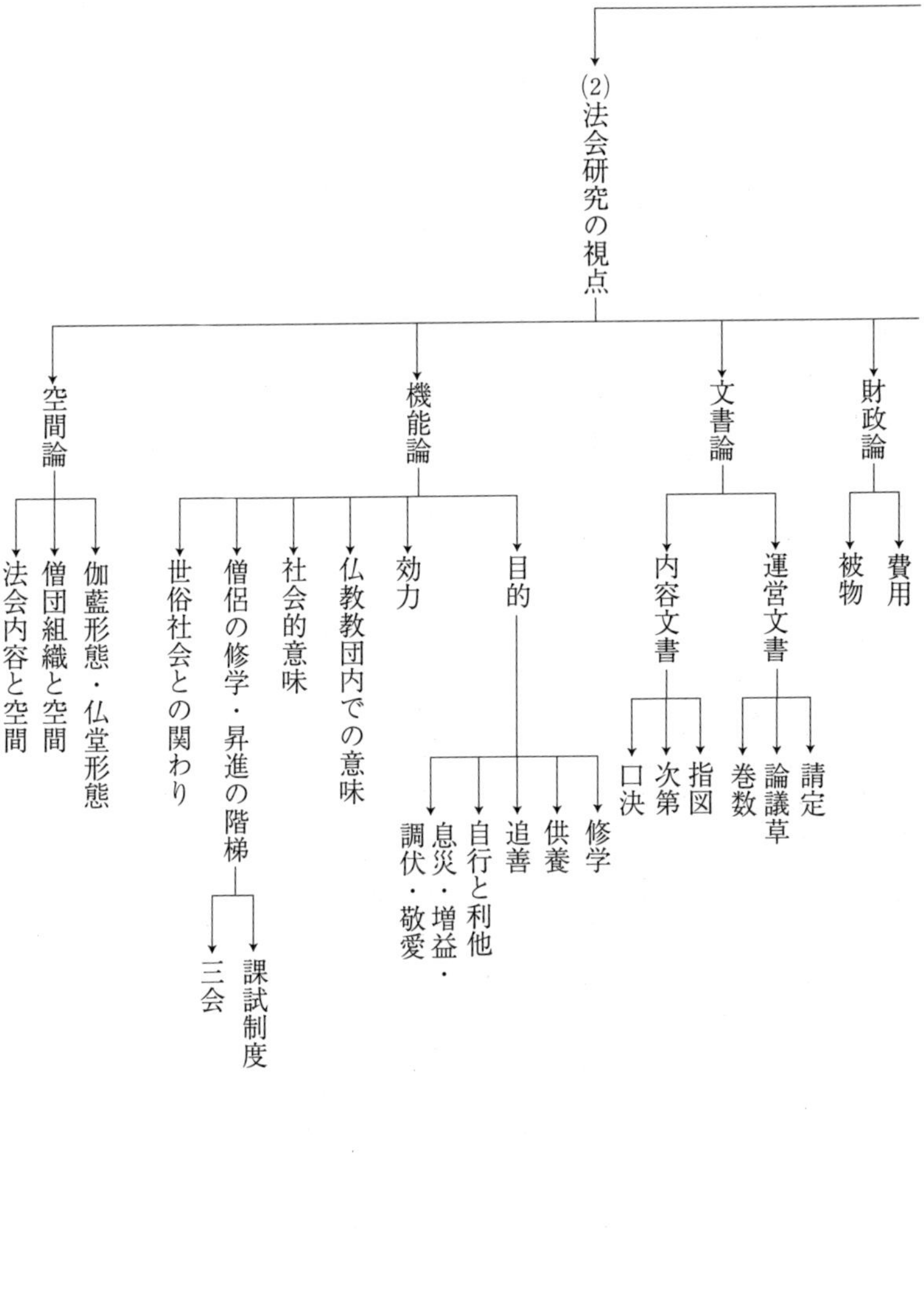
(2)法会研究の視点
財政論
費用
被物
文書論
運営文書
請定
論議草
巻数
内容文書
指図
次第
口決
機能論
目的
修学
供養
追善
自行と利他
息災・増益・調伏・敬愛
効力
仏教教団内での意味
社会的意味
僧侶の修学・昇進の階梯
課試制度
三会
世俗社会との関わり
空間論
伽藍形態・仏堂形態
僧団組織と空間
法会内容と空間

論、機能論、空間論」をあげてみました。もちろんこれ以外にも、考えられるべき要素はあると思います。

たとえば「組織論」では、その法会を執行するにあたって基盤となる僧団とか、法会を維持する僧俗の組織といったものがあげられます。「財政論」というのは二つしかあげていませんが、法会を執行するのに必要な費用がどう調達されるか、あるいはどういうふうに支出されるかといったものです。「文書論」は、その法会を実際に執行するにあたって作られる文書、またその内容です。「機能論」は多岐にわたりますが、その法会がいったいどういう目的で行われるのか、あるいはそれがどういう効果を生むのか、寺院社会のなかでそれがどういう意味をもつのか、寺院社会の外の世俗社会まで含んだときにそれはどういう意味合いをもつのか、そういったさまざまな問題が考えられます。「空間論」は、これは私が直接関わるところですが、いかなる法会であれ必ず何らかの場があって行われなければならないわけで、その法会が行われる場、具体的にいえばお寺の伽藍であり堂舎であるわけですが、そういったものといったいどう関わるか。単に建物の空間とどう関わるかということだけではなく、その際にやはり僧団組織とからんでくるのですが、こういった点を考えていくのが空間論であると考えられます。

これに基づくならば、永村先生は②のなかの組織論を中心としつつ文書論との関わりに注意が向けられ、佐藤道子先生は①の主要部の構造分析に力点を置かれたということになりましょう。高山有紀先生は②の機能論を中心に維摩会の総合的分析を試みられ、楠淳證先生は①の法会主要部の分析を通じて②の教学的な機能論を展開されています。

このようないろいろな視点をもちつつ、なおかつさまざまな要素とその相互関係ということが法会研究に関しては必要であり、欠かすことはできないと思うのです。このような視点を前提として、薬師寺の法会について考えたいと思います。

## 二　中世後期から近世の法会

薬師寺に関しては古代から中世前期にかけての史料はかなり多く、その時代についての研究は非常に豊富です。とくに白鳳時代の建築とか彫刻ということでは、建物の創建、あるいは仏像の制作についての非常に豊富な研究があります。

ところが、中世の中期以降になると研究はさほど多くありません。これは史料的な制約が大きいということが第一にあげられます。とくに鎌倉とか南北朝期の史料は非常に少ないのです。ただ、それを過ぎて室町以降になるとまた、たくさんの史料が残っています。

ところが、薬師寺ではまだ史料調査の段階で、利用が可能な状態にはなっていないという制約があり、中世以降の研究はなかなかしづらい状況があります。とくに法会に関していえば、中世後期以降の史料は多くないのです。

ここではすでに活字として公開されていて、誰もが見ることのできる史料を三つ取り上げることにします。
ア、黒草紙《くろぞうし》…康永二年（一三四三）書写
イ、薬師寺新黒草紙《やくしじしんくろぞうし》…享保二年（一七一七）成立
ウ、薬師寺濫觴私考《やくしじらんしょうしこう》…延宝八年（一六八〇）成立

この三つはいずれも『大日本仏教全書』に、活字になって収められているものです。ただこれだけでは足りないので、綾村宏先生のお許しを得て、奈良国立文化財研究所ご所蔵の「薬師寺典籍文書」からいくつかの史料を活用させていただきます。

ところで、前にあげた三つの史料の成立年代について見てみましょう。まず、「黒草紙」は康永二年（一三四三）に書き写されたということが書かれていますが、それ以後も文明頃に書き足しが行われました。薬師寺の、主として鎌倉後期から南北朝にかけての法会、年中行事、あるいはその法会にかかる費用、書札礼などが書かれています。

「濫觴私考」は、江戸時代に入った延宝八年（一六八〇）に成立したお寺の歴史を書いた史料で、さまざまな史料が収まっています。「新黒草紙」はさらに下って享保二年（一七一七）に成立した、主として年中行事の記録です。

薬師寺の全体的な法会の体系を知るうえではこの三つの史料が非常に便利なわけですが、そのほかに活字にはなっていない史料として、「西院堂方諸日記《さいいんどうほうしょにっき》」という史料が薬師寺文書のなかにあります。

エ、西院堂方諸日記（薬師寺典籍文書第八函第三号）

これは永正九年（一五一二）から享保十五年、江戸時代中期までの薬師寺の西院の法会の記録が収められたものですが、その冒頭部分には、永正の頃、つまり十六世紀前半の法会の一覧が載っています。ただし、これはその史料名からも明らかなように、西院もしくは西院に所属する堂宇の僧侶が出仕する法会に限られており、薬師寺全体の法会を記したものではありません。「黒草紙」と「濫觴私考」以下の近世の史料との間をつなぐ史料としては有効なものです。

これら主として四種類の史料から、薬師寺で行われた法会を一覧表にまとめたのが、表1の「薬師寺の法会一覧」です。

**表1　薬師寺の法会一覧**

| 黒草紙（康永二年　一三四三） | | | 西院堂方諸日記（永正九年　一五一二） | | | 薬師寺濫觴私考（延宝八年　一六八〇） | | | 薬師寺新黒草紙（享保七年　一七二二） | | |
|---|---|---|---|---|---|---|---|---|---|---|---|
| 法会 | 日 | 会場 | 法会 | 日 | 会場 | 法会 | 日 | 会場 | 法会 | 日 | 会場 |
| | | | | | | | | | 毎月法会 | | |
| | | | | | | 開眼会仁王講　一百座 | 1日 | | 行基菩薩忌日 | 2日 | 金堂 |
| | | | | | | 文殊院堂毎日講 | | | 薬師経一百二十巻読誦 | 8日 | |
| | | | | | | | | | 舎利講 | 8日 | |

| | | |
|---|---|---|
| 吉祥行法 | | 八幡宮 |

| | | |
|---|---|---|
| | | |

| | | |
|---|---|---|
| 修正吉祥行法 | 1／1～1／7 | 八幡宮 |
| 修正吉祥行法 | 1／7～1／14 | 金堂 |

| | | |
|---|---|---|
| 舎利講 | 13日 | |
| 慈恩大師忌日 | 13日 | |
| 尊勝陀羅尼心経光明真言等読誦 | 15日 | 八幡宮 |
| 御法楽論議 | 17日 | 東照権現宮 |
| 観音講式読経 | 17日～18日 | 東院堂 |
| 舎利講 | 20日 | |
| 開山第一祖祚蓮和尚忌日 | 22日 | |
| 文殊講式読経 | 25日 | 文殊堂 |
| 摩利支天尊前供養法 | 28日 | 八幡宮 |
| 講問一座 | 毎日 | 金堂并御位牌前 |
| 供養法 | | 西院護摩堂 |
| 年中法会 | | |
| 吉祥懺神名帳読経 | 12／31～1／7 | 八幡宮 |
| 吉祥懺行法読経等六時行法 | 1／7～1／14 | 金堂 |

| | | |
|---|---|---|
| 節堂 | 1/1 | |
| 祈禱大般若 | 1/10 | 八幡宮 |
| 三蔵講 | 1/15廻請 | |
| 唯識講 | 1/22 | |

| | | |
|---|---|---|
| 節堂 | 1/1 | 講堂 |
| 心経会 | 1/8 | 南大門 |
| 修正 | 1/18 | 東禅院堂 |

| | | |
|---|---|---|
| 心経会 | 正月 | |
| 大般若 | 1/10 | |
| 三蔵講 | | |

| | | |
|---|---|---|
| 節堂 | 1/1 | 東禅院堂 |
| 十一面観音懺 | 1/3 | 招提寺金堂 |
| 護摩修行読経 | 三ヶ日 | 護摩堂 |
| 読経 | 三ヶ日 | 西院堂 |
| 神供読経 | 1/1 | 弁財天社前 |
| 神供読経 | 1/7 | 弁財天社前 |
| 心経会 | 1/8 | 南門前 |
| 阿弥陀懺読経 | 1/9 | 招提寺阿弥陀堂 |
| 御祈禱転読大般若経 | 1/10 | 八幡宮 |
| 常憲院殿御法事 | 1/10 | |
| 薬師如来御身拭并内陣掃除吉祥行法 | 1/14 | （金堂） |

| | | |
|---|---|---|
| 修二月 | 1／30～ | 金堂 |
| 聖霊講 | 2／3 | |
| 唯識講 | 2／22カ | |
| 最勝会 | 3月 | |
| 唯識講 | 4／22 | |

| | | |
|---|---|---|
| 修二 | 2／1～ | 金堂 |
| 最勝講(昔) | 3／6 | |
| 仏生会 | 4／8 | 講堂 |

| | | |
|---|---|---|
| 台徳院 | 1／24 | |
| 修二月大法会 | 一七ヶ夜 | |
| 聖霊講 | 2／3 | |
| 涅槃会 | 2月 | |
| 講心経之幽賛 | 彼岸17日 | 文殊院堂 |
| 最勝会　春事 | 3月 | 講堂 |
| 仏生会 | 4月 | |
| 継諶講 | | |
| 権現講 | 4／17 | |
| 大猷院 | 4／24 | |
| 伝法講 | 4月 | 東禅院堂 |

| | | |
|---|---|---|
| 台徳院殿御法事 | 1／24 | |
| 修二法会 | 2／ | 金堂 |
| 涅槃会　四座講式 | 2／15 | |
| 心経幽賛講談　彼岸講 | 2／一七日 | 文殊堂 |
| 最勝会 | 3／1～3／7 | 講堂 |
| 春季薬師経読誦 | 3／23 | 金堂 |
| 仏生会 | 4／8 | 金堂前 |
| 五重唯識論議 | 4／11 | 東禅院堂 |
| 継諶講論議一座 | 4／16 | 東禅院堂 |
| 東照宮御法楽 | 4／17 | 文殊堂 |
| 大猷院殿御法事 | 4／20 | |
| 伝法講　成唯識論論議十座 | 4／27 | 東院堂 |
| 有章院殿御法事 | 4／30 | |

| | | |
|---|---|---|
| 卅講 | 5/1〜15カ | |
| 舎利講 | 5/晦日 | 金堂 |
| 蓮花会 | 6月 | |
| 樸揚講 | 6月 | |
| 解除会 | 6/30 | |

| | | |
|---|---|---|
| 夏入・供花 | 4/8〜 | 金堂 |
| 五月会 | 5/ | 八幡宮 |
| 講讃 | 5/23〜7日間 | 西院堂 |
| 蓮華会 | 6/8〜 | 西院 |
| 蓮華会 | 6/18 | |

| | | |
|---|---|---|
| 五月会 般若経講問 | 5月 | (八幡三所御宝前) |
| 厳有院 | 5/8 | |
| 真読大般若経 | 6/1〜6/10 | 金堂 |
| 講唯識論 | 6/11〜6/20 | 八幡宮 |
| 萬燈会 | 6/16 | |
| 長懐講 | | |

| | | |
|---|---|---|
| 結夏 | 4/14〜7/13 | 八幡宮 |
| 法花三十講 | 5/1〜5/15 | 八幡宮 |
| 五月会仁王般若経講 | 5/5 | 八幡宮 |
| 厳有院殿御位牌前御法事 | 5/8 | 文殊堂 |
| 明円講講問 | 5/16 | 八幡宮 |
| 真読大般若経全部読誦 | 6/1〜6/5 | 金堂 |
| 新談議并打集成唯識論 | 6/11〜 | 八幡宮 |
| 文殊講 | 6/20 | 文殊堂 |
| 長懐講論議 | 6/22 | 文殊堂 |
| 夏季薬師経 | 6/23 | 金堂 |
| 地蔵講一座 | 6/24 | |

| | | |
|---|---|---|
| 節堂 | 7/7 | |
| 大津宮御祭 | 8/23 | |
| 惣番定事 | 9/1 | |
| 八講 | 9/11〜 | |

| | | |
|---|---|---|
| 般若会 | 7/23〜 | 講堂 |
| 大念仏 | 8/5 | 北之院堂 |
| 大津神事 | 8/23 | 八幡 |
| 惣番定 | 9/1 | 八幡宮 |
| 御国忌 | 9/9 | 講堂 |
| 菩薩戒 | 9/15 | |

| | | |
|---|---|---|
| 講唯識論 | 7/1〜 7/10 | 八幡宮 |
| 長基講 | | |
| 盂蘭盆会 | 7/14〜 7/15 | |
| 蓮花会 | 8/15 | |
| 大津講 | | |
| 天武天皇御国忌 | 9/9 | |
| 十講会 法華十講 | 9月 | 八幡三所 |

| | | |
|---|---|---|
| 新談議 | 7/1〜 7/10 | 八幡宮 |
| 長諶講論議 | 7/3 | 八幡宮 |
| | 7/7 | 西院護摩堂 |
| 長基講論議 | 7/9 | 八幡宮 |
| 夏竟法事 | 7/13 | 八幡宮 |
| 聖霊会 | 7/14〜 7/15 | |
| 盂蘭盆会 | 一七日間 | 護摩堂 |
| 放生会 | 8/15 | 八幡宮 |
| 勝馬田竜王神事法会 | 8/23 | |
| 薬師経講 | 彼岸 | 文殊堂 |
| 天武天皇御国忌 | 9/9 | |
| 明円講講問 | 9/10 | 八幡宮 |
| 法花十講会 | 9/11〜 9/15 | 八幡宮 |
| 菩薩三帰十善戒軌則受授 | 9/15 | 八幡宮 |

| | | |
|---|---|---|
| 慈恩会 | 11月 | |
| 唯識講 | 11/28 | |
| 節堂 | 12/7 | |
| 方広会 | 12/8 | |
| 御十講 | 12/ | |
| 唯識講 | 12/22 | |

| | | |
|---|---|---|
| 慈恩会 | 11/13 | 東禅院堂 |
| 御国忌 | 12/7 | |
| 御国忌 | 12/22 | |

| | | |
|---|---|---|
| 懐禅講 | | 唐院 |
| 長胤講 | | |
| 八講会 | 10月 | |
| 慈恩会　冬会 | 11/13 | |
| 元明天皇御国忌 | 12月 | |
| 方広会 | 12月 | 東院堂 |
| 仏名会 | 12月 | |
| 持統天皇御国忌 | 12月 | |
| 淄洲講 | | |

| | | |
|---|---|---|
| 御法楽 | 9/15 | 八幡宮 |
| 秋季薬師経 | 9/23 | 金堂 |
| 御位牌前文照院殿御法事 | 10/14 | 文殊堂 |
| 尊如講論議 | 10/15 | 八幡宮 |
| 懐禅講論議 | 10/23 | 東院堂 |
| 長胤講論議 | 10/25 | 文殊堂 |
| 御祈禱之一万巻心経読誦 | 11/吉日 | 金堂 |
| 慈恩会 | 11/13 | 東院堂 |
| 冬季薬師経 | 11/23 | 金堂 |
| 開山忌 | 11/24 | 護摩堂 |
| 元明天皇御国忌 | 12/7 | 金堂 |
| 法広会 | 12/8 | 東院堂 |
| 仏名会 | 12/12 | 金堂 |
| 祚蓮和尚忌日法事論議并読経等 | 12/21 | 文殊堂 |
| 持統天皇御国忌 | 12/22 | 金堂 |

| | | | | | | | | | | | |
|---|---|---|---|---|---|---|---|---|---|---|---|
| | | | | | 撲揚講 | | | | | | |
| | | | | | 今宮講 | | | | | | |
| | | | | | 了長講 | | | | | | |
| | | | | | 忌日講 | | | | | | |
| | | | | | 八幡講 | | | | | | |
| | | | | | 文殊講 | | | | | | |

## 三　会場について

これらの史料で薬師寺の年中の法会全体を眺めると、「会場」、つまり法会を行う場所の面で特徴的なことが見られます。とくに表1で明らかなように「新黒草紙」が非常に詳細なものであり、どういう法会がどこで行われたか、あるいはいつ行われたかということが精密に書いてあります。ただし、「新黒草紙」は近世の史料ですからこれで中世の状況までわかるわけではありません。一つの基準として見ていきたいと思います。

薬師寺にはさまざまな法会があるわけですが、その行われる場所は限られています。一つは金堂、一つは東院堂もしくは東禅院堂と書かれている建物、そして文殊堂、八幡宮、この四カ所です。ほかに西院の護摩堂が若干見られますが、主にこの四つの建物で行われました。

そこで、法会を類別してみると、表2の「新黒草紙にみる各堂宇の法会」のようになります。

これら四つの会場に分けて行われる法会を種類別に分類すると、次のように、性格が明瞭に分かれることがわかります。

ア、金　堂…本尊供養の法会、仏教教団通有の年中法会、追善法会

イ、八幡宮…仏教教団通有の年中法会、論義法会

ウ、東院堂…主に論義法会

エ、文殊堂…論義法会、追善法事

まず金堂で行われる法会は、一つは主として本尊を供養するための法会、本尊供養とか大般若《だいはんにゃ》経転読《きょうてんどく》です。二つ目は、仏教教団に共通の法会、すなわち修正会《しゅしょうえ》・修二会《しゅにえ》・仏生会《ぶっしょうえ》・仏名会《ぶつみょうえ》です。年頭の法会、釈迦が生まれたときの法会、年末の法会、こういうものが行われます。それ以外には追善の国忌と呼ばれている法会があります。金堂ではその三種類に限られています。

追善の法会の国忌は、薬師寺が創建されるきっかけとなった持統天皇、薬師寺が藤原京から薬師寺へ移されるときに主体となった元明天皇、その両天皇の国忌のことです。これらの天皇の国忌は、天皇が亡くなった直後から行われているわけでが、これが薬師寺でいつから行われたかということはわかっていません。しかし、薬師寺に非常にゆかりのある天皇の国忌が金堂で行われるということです。

先にあげた表1を見るとこのほかにも天武天皇の御国忌があります。「新黒草紙」には九月九日に行われるとありますが、場所が書かれていません。「西院堂方諸日記」には講堂で行われた

ということが記されています。国忌は金堂と講堂で分けて行われていたのかもしれませんし、時代によって変化があったのかもしれません。

これに対して八幡宮は、本堂で行われているものとは少し違っています。まず、本尊といって

206頁史料ア・イ・ウによる。[　　]はその他の史料による。

| 東院堂 | 文殊堂 |
| --- | --- |
| | 本尊供養（6/20） |
| 節堂（1/1） | 彼岸（2/・8/） |
| 五重唯識論議（4/11）<br>伝法講（4/27）<br>慈恩会（11/13）<br>方広会（12/8） | |
| 継忱講論議（4/16）<br>懐禅講論議（10/23）<br>[了長講（4/11）] | 長懐講論議（6/22）<br>長胤講論議（10/25） |
| | 東照宮御法楽（4/17）<br>厳有院殿御法事（5/8）<br>文照院殿御法事（10/14） |

表2　新黒草紙にみる各堂宇の法会

| | 金　堂 | 八幡宮 |
|---|---|---|
| 本尊供養等 | 本尊供養（3/23・6/23・9/23・11/23）<br>大般若（6/1～5）<br>一万巻心経（11/吉日） | 転読大般若経（1/10）<br>一万巻心経（11/吉日） |
| 教団通有の法会 | 修正会（1/7～14）<br>修二会（2/　七日間）<br>仏生会（4/8）<br>仏名会（12/12） | 修正会（1/1～7）<br>結夏（4/14～7/13）<br>└夏竟法事（7/13）<br>放生会（8/15） |
| 論義会A | | 法花三十講（5/1～5/15）<br>五月会仁王般若経講（5/5）<br>新談議（6/11～）<br>新談議（7/1～7/10）<br>法花十講会（9/11～9/15）<br>├菩薩会受授（9/15）<br>└御法楽（9/15） |
| 論義会B | | 長忱講論議（7/3）<br>長基講論議（7/9）<br>尊如講論議（10/15）<br>明円講講問（5/16・9/10） |
| 追善法会 | 国忌（12/7・12/22）<br>←9/9もカ | |

いいかどうか問題はありますが、本尊供養の法会が一つです。もう一つは教団に共通する法会、修正会・結夏《けちげ》・放生会《ほうじょうえ》といった法会です。そして金堂にはなかった法会として、論義会《ろんぎえ》のＡとＢと分類できる法会があります。Ａは法華三十講《ほっけさんじっこう》・五月会《さつきえ》・新談議《しんだんぎ》・法華十講《ほっけじっこう》のように経典について論義する法会です。論義会Ｂは、長忱講《ちょうしんこう》・長基講《ちょうきこう》・尊如講《そんにょこう》・明円講《みょうえんこう》といった、やはりこれも経典を論義する法会です。八幡宮では追善の法会は行われていないのです。

東院堂はどうでしょう。ここには本尊供養は出てきません。教団通有の法会としては節堂《せつどう》が一つあるだけで、東院堂で中心になるのは論義会のＡとＢです。論義会のＡとしては五重唯識論《ごじゅうゆいしきろん》義《ぎ》・伝法講《でんぽうこう》・慈恩会《じおんね》・方広会《ほごえ》、論義会Ｂには継忱講《けいしんこう》・懐禅講《かいぜんこう》・了長講《りょうちょうこう》などの法会があります。東院堂ではこうした論義会がほとんどであるということが、特徴的であろうと思います。

最後の文殊堂は、本尊供養、教団通有法会が一つずつありますが、むしろ論義会Ｂと追善法会が目立ちます。文殊堂の追善の法会は、東照宮や厳有院、文照院の御法事ということで、これはいずれも徳川幕府の代々の将軍に対する追善の法会として行われたものです。「新黒草紙」に、文殊堂には徳川代々の位牌が置いてあるということが書かれてあることからも、その位牌に対して追善の法要が行われたのだと考えられます。ここでは文殊堂で行われたことが確認できるものだけをあげており、それ以外の二代、三代、五代はここでは抜けているのですが、それらの将軍に対する法事も、おそらく文殊堂で行われていたのではないかと思われます。

このように分類してみると、論義会ＡとＢに分類した法会がきわめて特徴的であるということ

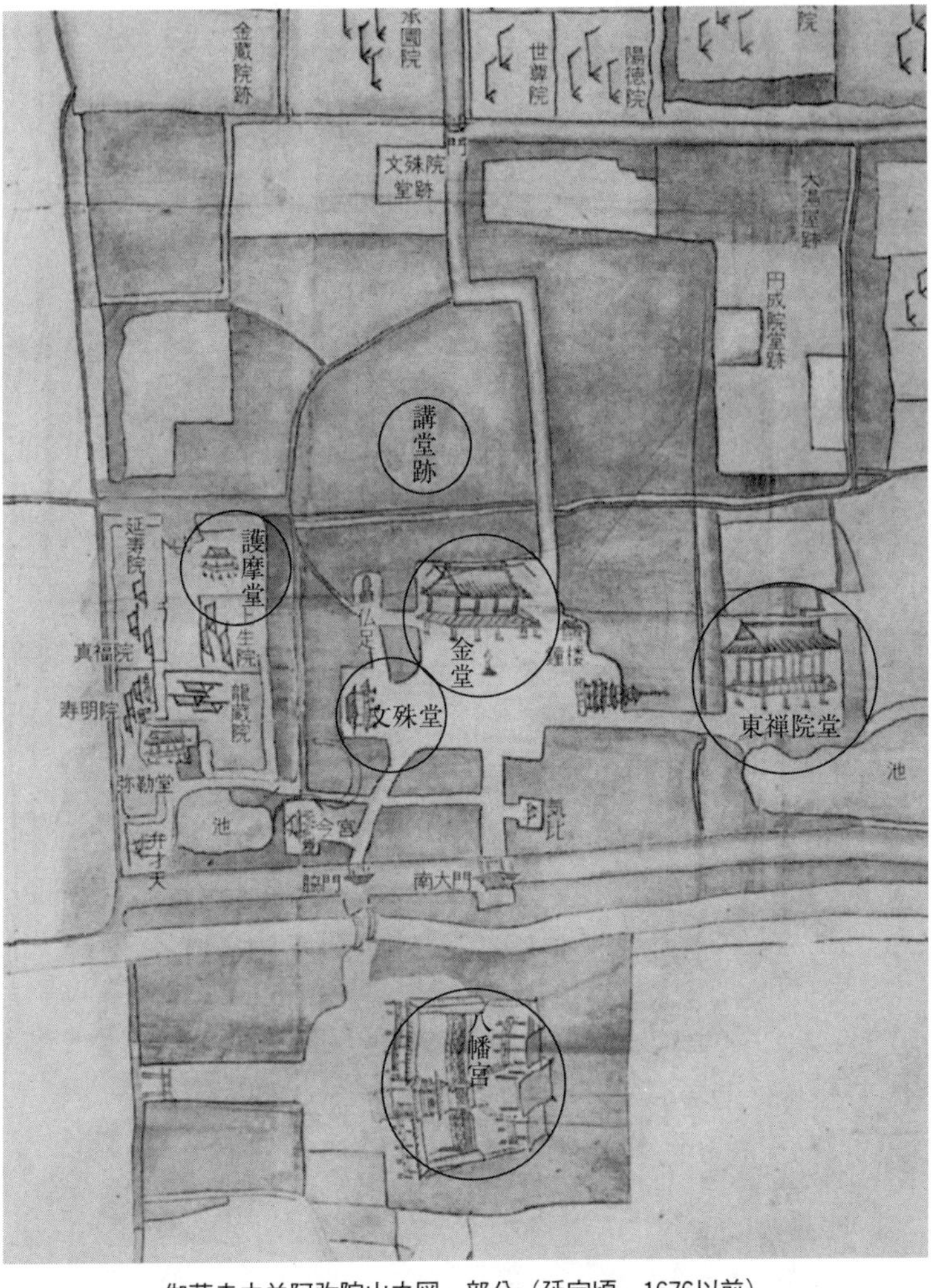


伽藍寺中并阿弥陀山之図　部分（延宝頃　1676以前）
（奈良六大寺大観 第六巻『薬師寺』岩波書店、1970）

が見えてきます。次はそれらについて少し細かく見ていきたいと思います。

## 四　論義会Bについて

表2では論義会AとBに分けていますが、僧侶の名前を冠したように思われる論義会をBに分類してあります。そこで、史料がなくてわかりづらいのですが、その論義会Bがいったいどういう由来をもつのかということを調べてみました。

まず長忱講論義です。「忱」という見慣れない字が書いてあります。史では諶とか緝などいろいろな文字が使われているのですが、とりあえず「忱」で進めます。

この「長忱講」というのはいつから行われていたものかわかりませんが、薬師寺の文書によれば、天文十年（一五四一）から宝永七年（一七一〇）までの「長忱講着到《ちょうしんこうちゃくとう》」（二函六）という記録が残されています。長忱講に出仕した僧侶の名前が書かれている記録ですが、それが天文十年からのものが残っているということで、長忱講というのは十六世紀半ばから行われていたことがわかります。

次に長基講論義ですが、「長基」というのが人の名前であるということが「薬師寺濫觴私考」に載っており、「当寺十輪院住、天文年中、」と書かれています。つまり、天文年中に薬師寺の院《いん》家《げ》である十輪院に住んでいたということです。さらに「長忱講着到」という史料の中に、長基という僧侶が天文十年（一五四一）から、つまり十六世紀半ばに長忱講に出仕していることが出ており、長基講そのものについては、「長基講引付《ひきつけ》」（二函十三）という史料が慶長十年（一六〇五）のものから宝永七年（一七一〇）まで残っています。このことから、やはり十六世紀の終わりぐらいには、この長基講も行われていたことがわかります。

尊如講については記録が見出せません。また、明円講というものも記録はほとんどなく、ただ、「新黒草紙」に明円が「当時承仕候、」と書いてあるだけで、いつの時期の人かはわかりません。

継忱講に関しては、「濫觴私考」によると、薬師寺では金堂が十六世紀の前半、享禄元年（一五二八）に焼けるわけですが、継忱という人はその焼けた跡の復興に尽力して、なおかつ絶えていた薬師寺の三つの法会を再興した経円《きようえん》という僧侶の師であったことがわかります。ですから、やはり十六世紀に活躍した僧侶であるということです。継忱講という法会そのものについては、元和八年（一六二二）からの「継忱講着到」（三函六）という記録が残っています。

懐禅講については、懐禅《かいぜん》という僧侶がやはり長忱講の探衆《たんしゆう》として天文十年（一五四一）から出仕していることが書かれているので、その頃に活躍した僧侶であることがわかります。また慶長十三年（一六〇八）からの「懐禅講着到」（二函十四）という文書も残っています。

長懐講は、やはり長懐というのが僧侶の名前であるということが、八幡宮の「吉祥悔過算用状《きちじようけかさんようじよう》」（三函一）、つまり修正会の記録に、八幡宮の修正会に四十四度目の出仕をしたと記されていることからもわかります。それが大永四年（一五二四）の史料です。ですからかなり長い間、八幡宮修正会に尽力した僧侶であったといえるでしょう。

この長懐については、「新黒草紙」に慶長年中（一五九六〜一六一五）に薬薗院に住んでいたということが書いてあります。この二つの史料を合わせると、この僧侶は長生きすぎるので、別の人物かもしれませんし、あるいはどちらかの史料に間違いがあるのかもしれません。しかし、ともかくそういう時期に活躍していた僧侶であることは事実です。しかも「長懐講記録」（二函十二）という史料が、やはり慶長十年（一六〇五）から宝永七年（一七一〇）まで残っています。

長胤講については、「新黒草紙」に、長胤は養徳院先住であるということが記されています。また、寛永五年（一六二八）の「長胤講論義記録」（三函八）が残っていますから、江戸時代の初期頃の僧侶かもしれません。

了長講を最後にあげていますが、これは「新黒草紙」にはなく、「濫觴私考」にだけに見えるものです。これも慶長十一年（一六〇六）からの「了長講論義記録」（三函十五）が残っており、それによれば、東禅院で四月十一日に了長が行ったことがわかります。

このように、論義会Bと分類した法会は、ほとんど十六世紀の中期かそれ以降に、薬師寺で活躍した学僧たちにゆかりの法会であったのです。そういう活躍した僧侶たちの名前を冠して追善しつつ、教学的な効果を期待して開始された法会が、論義会Bに分類した法会といえるだろうと思います。そのようにして中世末期に開始された論義会Bの一群は、東院堂（東禅院堂）と文殊堂、八幡宮の三か所に割り振られて行われたのです。

## 五　論義会Aについて

次に、論義会Aと分類した法会はどのようなものか、見ることにしましょう。これらは論義会Bに比べてやや古い起原をもつ法会が多いのですが、その起原や沿革に関する史料が少なく、苦労するところです。

まず、五月会という五月五日に行う法会について見ていきます。これは仁王般若経を講ずる法会であることがいくつかの史料でわかりますが、いつから始まったかはわかりません。江戸時代末期に書かれた「西京《にしのきょう》薬師《やくし》寺《じ》由緒《ゆいしょ》等《とう》書上《かきあげ》」（十一函十一）という史料が薬師寺御所蔵の記録の中にあり、その中の十二大会のうちの五月分として、仁王会があげられています。五月会は仁王般若経の中身について議論をする法会ですから、仁王会と同一のものであると考えることができるわけです。この史料では菅原道真が始めたということが書かれており、信憑性が高いとはいえませんが、仮にそれを信じるとするならば、この法会は十世紀末から行われていたことになります。確実なところでは「黒草紙」にその名前が見えており、したがって、南北朝あるいは鎌倉の後期には確実に行われていたことがわかります。

法花十講会は、「濫觴私考」のなかでは、円融院天暦年中（九四七〜九五七）、十世紀の半ば頃に栄満という僧侶がまず一日だけ始めたもので、これを永観元年（九八三）になって、円融院が五日十座の講演に改めたと書かれています。これと同じような記録は「新黒草紙」にもあり、おそらく法華十講がさかんに行われるようになるのがその時期ですので、おおむね信頼してよいと思います。

ただ、「黒草紙」には、法華十講が行われる九月十一日の同じ日に、八講が行われるとありま す。これは法花八講のことで、法華十講と法花八講はほとんど変わりありません。法華経八巻があって、それに開結《かいけつ》を加えた十巻を講ずるのが法華十講であり、開結を入れないのが八講ですからほとんど差がないわけですが、さらには八講の最後に菩薩戒受授《ぼさつかいじゅじゅ》ということが行われるとも書かれていますが、これは十講でも行われているので、ひょっとすると法華十講と八講は同一のものかもしれないという可能性があります。これはまたあとで説明を加えます。いずれにしても法華十講会は、十世紀に始まったらしいことが確かなようです。

次に慈恩会ですが、これはいまでも薬師寺と興福寺で交代で行っておられ、法相宗では非常に重要な法会です。法相宗の宗祖である慈恩大師を追善し、あわせて経典についての議論を行う法会です。興福寺では天暦五年（九五一）に始められたという記録が残っていますが、薬師寺についてはわかりません。ただ、「濫觴私考」には「後冷泉院御宇康平四年」に竪義《りゅうぎ》を加えて行ったと、論義を行う際に竪義という特殊な部分を加えたことが書かれていますから、康平四年（一〇六一）に始まったのか、あるいはそれ以前から始まっていたということが考えられます。おそらく、十世紀の終わりか十一世紀の初頭には始まっていたということになるでしょう。

以上の三つは、近世のいくつかの史料で薬師寺の十二大会と位置づけられる、重要な法会ということになります。ところが、それ以外のものはどうかというと、これはますます史料がなくてよくわかりません。

法花三十講ですが、これは法華経の二十八品に開結を入れた三十品を講ずるものです。これもすでに「黒草紙」に見えているので、少なくとも十四世紀には行われていたことになります。

新談議という法会は、「新黒草紙」には「成唯識論《じょうゆいしきろん》」という法相宗ではもっとも重要な論書を十日に一巻ずつ講じて、六月と七月の二回ありますから毎年二巻、五年で全部を講じ終えるという法会だということが載っています。

伝法講もいつから始まったかはわかりませんが、やはり「成唯識論」を十座で講ずる法会だと書かれています。

方広会は、「濫觴私考」や「新黒草紙」によると、慈恩大師の著作である「法苑義林章《ほうおんぎりんしょう》」を学んで唯識の神髄を究める法会だとあり、それには竪義が伴うということが書いてあります。

五重唯識論義については、まったく何もわかりません。

要するに十二大会以外の論義会は、法花三十講が法華経の論義である以外、すべて唯識に関わる論義会であるという特徴があります。実は唯識関係の論義会は、「黒草紙」を見ると定期的に行われていることがわかります。一覧表では、正月、二月、四月、十二月のそれぞれ二十二日に、唯識講が行われています。すでに十四世紀の中期以前から、唯識に関わる論義会は非常に盛んで、

**薬師寺　慈恩会　児論義**：番論義の一つ。正面の本尊には慈恩大師画像が掲げられる。左手奥は、探題箱と竪者の登る蓋高座。

毎月決まった日に行われて、それ以外にもいくつかの法会が行われる状況であったのです。

ただ、十四世紀、あるいは十三世紀の半ば頃の状況と、「新黒草紙」などに見える新談議とか伝法講といった法会とは、どのようにつながってくるのか、どういう関係があるのかということは、今のところはっきり言うことはできません。おそらくは南北朝期、鎌倉後期の唯識に関するいわば教学的な振興という状況を反映し、そういう伝統を踏まえて、近世になっても唯識関係の論義法会が多数行われているということは認めることができるのではないかと思います。

以上、論義会Aのうちでも、後半にあげたものは沿革が非常に不明確です。しかし、いずれにしてもこれらの法会の行われる八幡宮と東院堂という場所は、古くさかのぼれば十世紀以来、薬師寺における教学的な活動の場所として、重要な位置を占めていたということがわかるのではないかと思います。ただ、もう少し厳密にいうならば、本当に十世紀以来そうなのか、もっと時代が降ったらどうなのか、つまり法会を行うべき場所は時代の状況により変化していく可能性が考えられるのです。その意味で多少の問題は残りますが、その場所のもつ意味には変わりはないということができると思います。

## 六　法会と講堂

東院堂や八幡宮に加えて、もう一つ重要な会場である講堂を含め、これらの建物について考えてみたいと思います。

薬師寺では、現在、四月の初めに行われている花会式《はなえしき》がとくに有名な法会ですが、おそらくそれ以上に重要であった法会として、「最勝会《さいしょうえ》」という法会があります。これは国家レベルで重視されてきた法会であり、「南京三会《なんきょうさんね》」と呼ばれた三つの法会の一つです。

興福寺の維摩会《ゆいまえ》、宮中の御斎会《ごさいえ》、薬師寺の最勝会の三つは、南都を中心とした国家的なレベルで重要な法会として位置づけられているものです。これは僧侶たちが僧綱《そうごう》へ昇進していくためには必ずその法会に出仕してしかるべき役を勤めなければいけない、そういう法会だったのです。

薬師寺の最勝会はその一つだったわけですが、これが行われていたのは講堂でした。講堂が会場とされていたのです。

この最勝会の淵源をたどると、天長七年（八三〇）という古い時期までさかのぼることができます。当初は三月二十一日から二十七日まで行われており、これが承和十一年（八四四）からは、三月七日から七日間に定められたということになっています。以後、非常に重要な法会として長らく続くわけですが、こういう伝統は、薬師寺では近世後期になってもその認識が続いており、「西京薬師寺由緒等書上」に書き上げられている十二大会の一つとされています。また、「濫觴私考」や「新黒草紙」にも同じように、最勝会があげられています。

ところが、「濫觴私考」をよく見ると、そこには「講堂為兵火焼失仕、会料者被横領、夫より退転せり、」と書いてあります。つまり、講堂が兵火（戦争）で焼けて法会を行うための財源がなくなってしまい、それ以来、最勝会は行われなくなってしまったというのです。講堂が焼けたのは享禄元年（一五二八）であり、それ以後は行われなくなっていたということが史料でも確認できます。

講堂は一五二八年に焼けたあと、長らく再建されません。金堂は急いで再建されるのですが、講堂は再建されないままです。そして江戸時代も後半の安永九年（一七八〇）になって、西院の弥勒堂という建物から丈六三尊像を講堂の本尊にすべく移座して仮堂を造ります。それから江戸時代末の弘化五年（一八四八）になってようやく、講堂が再建されることになりました。

つまり、その間三百年ほどのあいだ講堂はなく、幕末に建てられた講堂がごく最近まで薬師寺に建っていました。しかし、いまは奈良時代の講堂を復興するということで、解体されてしまいました。

この講堂が焼けて長らく再建されなかったという事情は、寺内の法会の執行にとっては非常に重大な影響を与えたのではないかと推定されます。なぜならば、講堂というのは読んで字のごとくお経を講ずる、つまり寺の中でお坊さんたちが学問をするためにいちばん重要な建物であったはずなのですが、それが焼けてしまい、その結果この寺にとって重要な最勝会が行われなくなったからです。「西院堂方諸日記」には、最勝会のほかに節堂、仏生会、般若会、九月九日御国忌が講堂で行われていたことが書かれています。

最勝会自体の歴史を見ると、十四世紀の暦応二年（一三三九）、至徳四年（一三八七）、十五世紀に入って永享六年（一四三四）の三度にわたって再興が図られたことが「満済准后日記」に書かれています。しかし、三度にわたって再興が図られたにもかかわらず、三度とも断絶したことがわかります。再興が図られるということは、そもそもそれ以前には行われていなかったということですから、十四世紀の早い段階ですでに最勝会が行われなくなっていたということです。それを何とか復興しようと努力されたのですが、結局、再興されず定着しなかった。つまり講堂が焼ける以前に、すでに最勝会というのは実質的な意味を失っていたということになります。

また、講堂が焼けてから再建されるまでの間の状況を見ると、講堂以外の建物に関しては再建されています。講堂が焼けた十六世紀から江戸の終わりまでには、たとえば慶長の地震があったりいろいろな災害が起こっているわけですが、金堂、八幡宮、東院堂はその都度復興されています。にもかかわらず講堂については結局、幕末まで建てられませんでした。つまり講堂の再建というのは、おそらく必要性がなかったと見ることができるのです。

講堂は、最勝会の会場として欠くべからざるものであったわけですが、最勝会自体が十四世紀にすでに実質的な意味を失い、おそらくそれを実施していく基盤もなくなったのではなかったでしょうか。それ以外に講堂を使って行われる法会も若干はありますが、非常に限られています。むしろそういう時期には、講堂以外の堂舎を使って、寺内で実質的に意味のある法会を実施していく方向に向かっていったと見ることができるのではないかと思います。

このような状況から考えると、論義会Aに分類したなかで十六世紀以前に成立しているもの、つまり法華三十講や唯識関係の法会も、おそらく中世後期には講堂を会場とした可能性は少なかったと思われます。そういう意味では、八幡宮や東院堂で行われているものは、中世の後期以前までさかのぼる一つの状況を反映しているとも言えるでしょう。

## 七　法会と東院堂・八幡宮

東院堂あるいは東禅院堂は、いまも建っている建物で、現在の東院堂は弘安八年（一二八五）

に再建された建物です。

この東院堂は奈良時代にまでさかのぼることができ、奈良時代の資財帳では「東禅院」と呼ばれており、吉備内親王が元明天皇のために建てたこと、堂と細殿《ほそどの》と僧房《そうぼう》から成りたっていたことが書かれています。ところが、それ以降どういうふうになったかはわかりません。平安時代の終わりか鎌倉初期には、東院あるいは東禅院は退転していた形跡があります。それが弘安八年、鎌倉時代の中期に再建されたということになるわけですが、なぜそういうことが起こり得たのでしょうか。

東院堂は鎌倉時代中期の南都における非常に優れた建築物ということで国宝にもなっていますが、いったいなぜ東院堂はこの時期に再建されたかについては、誰も説明していません。説明しようにも史料がないということがあるわけですが、周辺の状況から考えてみると、鎌倉時代前期から中期は、南都ではいわゆる教学復興の時期でした。鎌倉の初頭に鎌倉新仏教とよばれる新しい仏教が興ってきたり禅宗が中国から導入されたりしますが、そういう流れがある一方で、既存の南都の諸寺も、本来の姿に戻って仏教の教義を極めて学問を深めていこうと、教学復興を行ったのが、鎌倉時代の前期から中期であるわけです。

たとえば東大寺でいえば、院制期から始まって鎌倉中期に至る時期は、倶舎三十講《くしゃさんじっこう》とか大乗《だいじょう》義章三十講《ぎしょうさんじっこう》、あるいは世親講《せしんこう》、因明講《いんみょうこう》といった多くの論義を行う法会、つまり経典の内容を僧侶たち同士で議論しあいながら仏教の教学を深めていく法会が始められた時期にあたります。新しい法会の開始とともに、建物も改造されたり新造されたりした時期なのです。

唐招提寺では、舎利殿を拝するとともに念仏道場とするために、東僧房が改造され礼堂と呼ばれるようになるのが建仁二年（一二〇二）です。それに引き続いて建治元年（一二七五）には講堂の大改造も行われます。

唐招提寺もやはり戒律復興に伴って活発な教学的活動が行われたお寺なのですが、そのことに伴う新たな、法会の開始と一体となって、それにふさわしい建物を改築したり新築したわけです。同じようなことが、この南都では一般的に起こっていたわけです。

このような状況を見ると、おそらく鎌倉時代の中期に薬師寺で東院堂が復興されたということも、薬師寺における教学復興の動きを反映したものではないかと推測されます。ただ、このことについてはまったく史料が残っていませんので、あくまでも推測にとどめざるを得ません。

次に八幡宮ですが、東院堂と並んで非常に多くの論義会が行われる会場です。

八幡宮は、寛平年中に薬師寺の鎮守として八幡神が勧請された神社であるわけですが、神社だからといって仏教行事が行われないわけではなく、いずれの神社でも読経や論義を行うことによって神に祈るということが行われていました。この八幡宮でも、法花十講が十世紀にすでに行われています。

そういう論義の法会が薬師寺の八幡宮でたくさん行われている理由は、これもなかなかよくわからないところなのですが、どうも鎮守社である八幡宮、八幡神に対する法楽《ほうらく》のためだけではなさそうであると推測されます。八幡宮では結夏《けちげ》という行事が行われていますが、この結夏は僧侶が夏安居《げあんご》という行事を行う最初の日にあたります。四月から七月にかけて、僧侶は外に出ると虫を殺して罪を重ねてしまうということから、部屋の中に閉じこもって一所懸命修行をするという意味をもっている行事です。この夏安居を八幡宮で行っているのです。

鎌倉時代の東大寺では大仏殿で夏講《げこう》と自恣《じし》が行われており、南北朝期の法隆寺では講堂で夏講や結夏が行われています。また、興福寺でも講堂で夏講が行われています。

つまり南都のいくつかの寺では、夏安居に関連する法会は講堂とか本堂のような寺の伽藍の中心になる建物で行われる儀式であったわけですが、薬師寺では八幡宮で行われていたということです。

行われ始めたのがいつかということはわからないのですが、その時点では八幡宮というのは、寺内においては重要な法会を行うべき場所だと認識され、そういう位置づけがあったのではないかと考えられるわけです。

そのように考えると、論義会Aと分類した教学的に重要な法会のいくつかが八幡宮で行われているというのも、このような背景を踏まえてのことではないかと思われます。

## 八　法会の時代的な変遷

次に法会が時代的にどう変わっていくかということについて考えてみたいと思います。これはいままでにも少し述べてきましたが、いくつかの点について見ていきます。

まず、「十二大会《じゅうにだいえ》」です。これは興福寺にもあり、東大寺でもこの呼称が知られています。東大寺ではかなり古く平安時代から呼ばれているわけですが、薬師寺ではあまり古い時期の史料はありません。

「濫觴私考」の中に「十二大会」という言葉が出てきますが、十二大会全体を書き上げた史料としては、「薬師寺由緒等書上」という江戸時代末期の史料があります。これには十二大会が並べてあって、それがいつから始まったかが書いてあります。「濫觴私考」と「由緒等書上」、それからいちばん古い「黒草紙」の中に同じ法会があるかどうかということをまとめたのが、表3です。

これを見ると、「濫觴私考」と「由緒等書上」とでは十二大会はほとんど同じであるのがわかります。

ところで、十二大会とは何でしょう。「由緒等書上」には「十二箇月配当執行仕候十二大会と申者、多分国家安全御願之御祈禱法会に御座候、」と書かれています。つまり十二大会とは、十二カ月にそれぞれ配当されているものであって、それらは国家安全を祈禱する法会であるということです。国家的に重要な法会を十二カ月に割り振ったのが十二大会ということです。これが江戸時代の終わり頃の認識ですが、江戸中期の「濫觴私考」でもほぼ同じ法会が各月に配分されて

表3　十二大会の比較

| 月 | 濫觴私考 | 由緒等書上 | 黒草紙の記載の有無 |
|---|---|---|---|
| 正月 | 心経会 | 吉祥会 | 有（吉祥行法） |
| 二月 | 涅槃会 | 造花会 | 有（修二月） |
| 三月 | 最勝会 | 最勝会 | 有（最勝会） |
| 四月 | 仏生会 | 仏生会 | 無 |
| 五月 | 五月会 | 仁王会 | 有（五月会） |
| 六月 | 万燈会 | 万燈会 | 無 |
| 七月 | 盂蘭盆会 | 盂蘭盆 | 無 |
| 八月 | 蓮華会 | 蓮華会 | 六月に蓮華会有 |
| 九月 | 十講会 | 十講会 | 有（八講） |
| 十月 | 八講会 | 八講会 | 無 |
| 十一月 | 慈恩会 | 慈恩会 | 有（慈恩会） |
| 十二月 | 仏名会 | 仏名会 | 無 |

並んでいます。

しかし、東大寺や興福寺では、必ずしも十二カ月に一つずつ法会を配して十二大会と呼んでいるわけではなく、おそらく、その寺の主要な法会という意味で十二大会という言い方をされていたのではないかと思われます。

江戸時代の末と中期の十二大会のなかで違うものが三つあります。正月の吉祥会《きちじょうえ》と二月の造花会《ぞうかえ》に対して、「濫觴私考」では正月は心経会《しんぎょうえ》、二月は涅槃会《ねはんえ》と書かれています。もう一つは五月で、これも仁王会《にんのうえ》と五月会と名前が違います。これは先ほど言ったように同じものだということがわかりますが、違うのは正月と二月です。吉祥会は修正会であり、造花会は現在も行われている花会式に相当するわけですが、これは江戸中期には、十二大会には位置づけられていなかったということになります。

これが「黒草紙」の段階、つまり十四世紀、あるいはそれより少しさかのぼる時期ではどうかを見ると、半分以上の法会は「黒草紙」に記されています。したがって、この十二大会という呼称がいつできたか、十二カ月に配当するのはいつの時点かということはわかりませんが、少なくとも南北朝以来の伝統的に行われている法会が、十二大会に位置づけられていたということになると思います。

ただ、多少の時代的な変化があり、その一つが蓮華会《れんげえ》です。蓮華会は八月に行われていますが、「黒草紙」では六月となっています。つまり行われる月が変わったわけです。

しかしながら、蓮華会が江戸時代になって実際に行われていたかといえば、非常に可能性が薄くなります。最勝会も、行われていないにかかわらず江戸時代の史料には記載されていたのですから、蓮華会も実は江戸時代に退転していた可能性があるのです。ただ八月に配当する必要があり、本来は六月に行っていたものを空いた八月に入れたのではないかということが推測されます。実際に蓮華会に関する記録としては、薬師寺の文書の中に「造華五月会蓮華会日記」（二函五）という史料があり、これによれば、天文年間には六月に行われていたことがわかります。しかし、それ以後の史料は残っていません。退転してしまった可能性もあります。

もう一つは、八講と十講の混乱です。「濫觴私考」や「由緒等書上」には八講会は十月に行われると書かれていますが、「新黒草紙」には記載がありません。それに対して十講は「濫觴私考」にその沿革について詳しい記録が残っており、それを信頼してよいと思います。しかし、行われているのが九月十一日頃となっており、八講と重なっています。しかも「黒草紙」に書かれている八講も「新黒草紙」にある十講も、ともに菩薩戒受授が最後に行われており、同一の法会であったと考えたほうが自然なようです。

ただ、断言するにはこれもまた難しく、「黒草紙」には一方で「御十講世俗日記」という記録が引用されており、八講と同時に御十講もあったということになっています。結局その両者の関係を明瞭に説明することができないわけですが、少なくともほとんど同じ法会が別の名前で呼ばれた可能性は当然あり得ますし、それが近世になって十二大会を配当するにあたってそれぞれ分離されて各月に割り振られる、いわばつくり出された史実ということがあり得たのかもしれないと考えられます。

さて、中世後期にはそれぞれの法会は頭役《とうやく》を決めて、法会を執り行う責任をとらせていました。経費や道具類の調達から始まって人を集めることなどがその役割です。この頭役の記録はかなりたくさん残されています。

「造華五月会蓮華会日記《ぞうかさつきえれんげえにっき》」という史料は永正十四年（一五一七）からの記録で、五月会と蓮華会の両方の頭役が誰であったかを書き上げています。このうちの蓮華会は法花三十講にあたると考えられますが、この両者の頭役が天正十五年（一五八七）から一体となってしまい、「造花還頭《ぞうかげんとう》」と呼ばれるようになります。本来は別々の法会ですから、それぞれ別々の頭役が置かれなければならなかったのですが、十六世紀の後半になると両者を合わせてしまい、頭役がその二つの法会を全部とり仕切ってしまったようです。法会の執行、あるいは維持の体制が、この時期に変化していることが知られるのです。

唯識関係の論義の法会も、江戸時代の間に、同じ唯識関係の法会であるにもかかわらず、その伝統を踏まえつつ名前を変えていったものはいくつもあるということを述べました。また、「西院堂方諸日記」が書かれた十六世紀の前半から、頭役が統合される十六世紀の後期、その間の享録元年（一五二八年）には講堂が焼けてしまう事件があります。この時期は、薬師寺の法会全体の体系を維持し、執行していく経済的な基盤、僧団内部の基盤というものが大きく変わっていった時期であると考えられています。そのような変化を経ることによって、近世の記録に見られる法会の体系ができていったのではないかと思うのです。

## 九　まとめ

それぞれの時代に行われていた法会がどういう体系をもっていたか、その体系を理解するにあたって、どういう会場が法会の場所として割り当てられていたか、空間論の観点から薬師寺の法会を見てきました。全体的には十世紀頃からそれ以降につながるような法会が徐々に整備されていき、おそらく鎌倉時代と十六世紀に大きな変転があって、いわば二段階の再編成があったと考えられています。鎌倉時代には八幡宮と東院堂が重要な会場として位置づけられ、十六世紀にはそれに文殊堂が加えられて、その間には講堂や金堂がそこから落ちていくということになるわけですが、そういう状況が二段階に分かれて起こってきたのです。非常に長い歴史を大雑把にとらえているにすぎませんが、そのように見ることができると思います。

それに対して講堂は、国家的に重要な法会の会場であったわけですが、そういう格がかえって災いとなり、それ以外の新しい教学復興などの動きに基づいた法会が、講堂では行われなかったということができます。そして、最勝会自体が衰退していくのに伴って、会場である講堂もその地位を失墜していくことになっていったのではないかと考えられるのです。

このような状況は結局は表裏一体の現象であって、堂宇の維持、改修、あるいは改良といったような状況と、法会の復興なり再興、始修と非常に密接な関わりをもって歴史をたどってきたと考えられます。

## ◆より深く知りたい人のために

書籍・論文関係資料
映像・音声関係資料

## ◆用語解説――南都を中心に――

# ◆より深く知りたい人のために

礪波美和子・山本彩

## ●書籍・論文関係資料

【単行本】

・芸能史研究会編『日本の古典芸能　第二巻　雅楽―王朝の宮廷芸能―』平凡社、一九七〇。
・日本仏教学会編『仏教儀礼―その理念と実践―』平楽寺書店、一九七八。
・藤井正雄編『儀礼文化叢書二　日本仏教の儀礼―その形と心―』桜楓社、一九八三。
・伊藤唯真編『仏教民俗学大系六　仏教年中行事』名著出版、一九八六。
・佐藤道子編『中世寺院と法会』法藏館、一九九四。
・『仏教文学講座第八巻　唱導の文学』勉誠出版、一九九五。
・智山勧学会編『論義の研究』青史出版、二〇〇〇。
・松尾恒一『延年の芸能史的研究』岩田書店、一九九七。
・松野純孝編『仏教行事とその思想』大蔵出版、一九七六。
・『東大寺二月堂修二会の研究』史料篇・研究篇　中央公論美術出版、一九七九。
・東京国立文化財研究所芸能部編『東大寺修二会の構成と所作　上・中・下・別巻』芸能の科学六・七・一二・一三、平凡社、一九七五、七七、八〇、八二。
・『東大寺お水取り　二月堂修二会の記録と研究』小学館、一九九六。
・牧野英三『東大寺修二会　声明の旋律に関する研究』柳原書店、一九八六。
・永村眞『中世東大寺の組織と経営』塙書房、一九八九。

・永村眞『中世寺院史料論』吉川弘文館、二〇〇〇。
・『南都仏教』第五二号「二月堂特集」、一九八四。
・髙山有紀『中世興福寺維摩会の研究』勉誠社、一九九七。
・土谷恵『中世寺院の社会と芸能』吉川弘文館、二〇〇一。
・『仏教音楽辞典』法藏館、一九九五。
・岩田宗一『声明の研究』法藏館、一九九九。
・岩田宗一『声明・儀礼資料年表』法藏館、一九九九。
・天納傳中『天台声明―天納傳中著作集―』法藏館、二〇〇〇。
・『東洋音楽選書六　仏教音楽』音楽之友社、一九七二。
・木戸敏郎編『日本音楽叢書三・四　声明一・二』音楽之友社、一九九〇。
・山岸常人『中世寺院社会と仏堂』塙書房、一九九〇。
・藤井恵介『密教建築空間論』中央公論美術出版、一九九八。
・黒田龍二『思文閣史学叢書　中世寺社信仰の場』思文閣出版、一九九九。
・朝日百科　日本の国宝・別冊『国宝と歴史の旅・二―仏堂の空間と儀式―』朝日新聞社、一九九九。


【論文】


・阿部慈園「比較宗教倫理学研究―法隆寺・東大寺・唐招提寺・知恩院等法会（仏教儀礼）の文化誌的考察―」明治大学人文科学研究所紀要、四四号、一九九九。
・新井弘順「涅槃会の変遷―法要次第を中心に―」『民衆の伝統的生活習慣に占める仏教法会の調査―涅槃会調査報告書―』元興寺文化財研究所、一九七九。

・池田源太「神名帳と修正」『伝承文化論攷』角川書店、一九六三。
・伊藤隆寿「興福寺維摩会と諸宗」駒沢大学仏教学部論集、一〇号、一九七九。
・井原今朝男「中世国家の儀礼と国役・公事」歴史学研究、五六〇号、一九八六。
・上川通夫「ヤマト国家時代の仏教」古代文化、四六巻四号、一九九四。
・上田晃圓「興福寺の維摩会の成立とその展開」南都仏教、四五号、一九八〇。
・上田純一「平安期諸国文殊会の成立と展開について」日本歴史、四七五号、一九八七。
・榎本榮一「『六国史』における仏典と法会について（一）～（三）」東洋学研究、一七～一九号、一九八三～八五。
・榎本榮一「『吾妻鏡』における仏典と法会・修法について」東洋学研究、二四号、一九九〇。
・榎本榮一「『貞信公記』における仏典と法会について」東洋学研究、二六号、一九九一。
・榎本榮一「『九暦』にみられる法会と修法について」東洋学研究、三一号、一九九四。
・榎本榮一「御斎会試論」東洋学研究、三五号、一九九八。
・堅田修「御斎会の成立」角田文衞先生傘寿記念会編『古代世界の諸相』晃洋書房、一九九三。
・鬼頭清明「国府・国庁と仏教」国立歴史民俗博物館研究報告、二〇号、一九八九。
・小野功龍「供養舞楽と法会形式の変遷に就いて」相愛女子大学相愛女子短期大学研究論集、一二巻二号、一九六六。
・北沢好一「『平家物語』にみられる法会歌謡―特に和讃との関連において―」日本歌謡研究、一六号、一九七七。
・楠淳證「日本仏教の展開―法相唯識について―」仏教学研究、五〇号、一九九四。
・楠淳證「『成唯識論同学鈔』の研究（一）・（二）」龍谷大学仏教文化研究所紀要、三六・三七号、一九九

七、九八。
・楠淳證「三祇成仏と一念成道—法相論義「摂在一刹那」による一大転回」『仏教文化と福祉』龍谷大学短期大学編、永田文昌堂、二〇〇一。
・倉林正次「御斎会の構成」国学院大学大学院紀要、一二号、一九八一。
・小島裕子「仏『三十二相』の歌考—歌謡の世界と法会の場—」日本歌謡研究、三七号、一九九七。
・小峯和明「大鏡—法会の時空—」国文学解釈と鑑賞、五七巻一二号、一九九二。
・小峯和明「中世の法華講会」国文学解釈と鑑賞、六二巻三号、一九九七。
・酒井信彦「法成寺ならびに六勝寺の修正会」風俗、二四巻一号、一九八五。
・佐々木宗雄「王朝国家期の仏事について」古代文化、四五巻二号、一九九三。
・笹谷良造「お水取りの民俗学的研究—古代日本の水と火の信仰—」南都仏教、三号、一九五七。
・佐藤道子「神名帳—その性格と構成—」芸能の科学・五『芸能論考Ⅱ』、一九七四。
・佐藤道子「祖師会の史的研究」芸能の科学・九『芸能論考Ⅳ』、一九七八。
・佐藤道子「呪術から芸能へ—能・狂言の母胎—」国文学解釈と教材の研究、一九七八。
・佐藤道子「法華八講会—成立のことなど—」文学、五七巻二号、一九八九。
・佐藤道子「悔過法要の形式—成立と展開—その一・その二」芸能の科学一八・一九『芸能論考Ⅺ・Ⅻ』、一九九〇、九一。
・白土わか「日本天台における論義の系譜—序説—」大谷大学研究年報、三六号、一九八四。
・鈴木正崇「東大寺修二会の儀礼空間」民族学研究、四七巻一号、一九八二。
・鈴木正崇「修正会」岩波講座東洋思想一五巻『日本思想1』、一九八九。
・髙山有紀「中世南都寺院における維摩会講師の修学活動—伝受と加行についての一考察—」『日本の教

育史学』教育史学会紀要、三六集、一九九三。
・竹居明男「『悔過』年表」古代研究、六号、一九七五。
・竹居明男「仏名会に関する諸問題―十世紀末頃までの動向―上・下」人文学、一三五・一三六号、一九八〇、八一。
・筑土鈴寛「法儀の文学」『講座日本文学』岩波書店、一九三二。『筑土鈴寛著作集』三、せりか書店、一九七六。
・嗣永芳照「維摩会講師・研学竪義僧名索引―自斉明天皇四年至寛元二年―」南都仏教、三三号、一九七四。
・土橋誠「維摩会に関する基礎的考察」『古代史論集　下』塙書房、一九八九。
・天納傳中「宮中御懺法講について」仏教学研究、四三号、一九七八。
・天納久和「涅槃会について」叡山学院研究紀要、一四号、一九九一。
・中野玄三「悔過の芸術―六道信仰を主題にした日本仏教芸術の諸相―」法藏選書13『悔過の芸術―仏教美術の思想史―』法藏館、一九八二。
・中林隆之「護国法会の史的展開」ヒストリア、一四五号、一九九四。
・西瀬英紀「薬師寺修二会の存続基盤」芸能史研究、七六号、一九八二。
・丹生谷哲一「修正会と検非違使」ヒストリア、一一〇号、一九八六。
・橋本初子「法会と法流からみた中世の僧数」日本史研究、三八八号、一九九四。
・橋本初子「講式・法会」国文学解釈と教材の研究、四四巻八号、一九九九。
・深沢徹「法会の中の枕草子―三〇・三一・三二段の『法会』関連章段を中心に―」国文学解釈と教材の研究、四一巻一号、一九九六。

・古瀬奈津子「『国忌』の行事について」古代文化、四三巻五号、一九九一。
・古瀬奈津子「盂蘭盆会について―摂関期・院政期を中心に―」『中世の社会と武力』吉川弘文館、一九九四。
・堀池春峰「東大寺の行事」『東大寺―大仏開眼千二百年記念出版―』毎日新聞社、一九五二。
・堀池春峰「二月堂修二会と観音信仰」『南都仏教史の研究　上　東大寺篇』法藏館、一九八二。
・堀池春峰「維摩会と閑道の昇進」中世寺院史研究会『寺院史論叢1　中世寺院史の研究下』法藏館、一九八八。
・牧野英三「東大寺二月堂声明（一）～（一二a）（一二b）（一三）」奈良学芸大学紀要人文・社会科学、一三巻、一四巻。奈良教育大学紀要人文・社会科学、一五・一六巻一号～二一巻一号、二九巻一号～三〇巻一号、三二巻一号～三四巻一号、一九六五～七二、八〇～八一、八三～八五。
・町田甲一「吉祥悔過の法儀と東大寺塑像群に関する試論」芸術学会研究紀要、一号、一九五四。
・松尾恒一「中世寺院の正月行事と芸能」国学院大学日本文化研究所報、三五巻二号、一九九八。
・松尾恒一「六勝寺、修正会儀礼の構造―饗宴・咒師・天皇―」日本民俗学、一八四号、一九九〇。
・松尾恒一「南都慈恩会における夢見の儀―伝承と形成―」説話・伝承学、五号、一九九七。
・松尾恒一「東大寺修二会別火行における結界の構造」国学院雑誌、九九巻一一号、一九九八。
・蓑輪顕量「『法華経』論義の世界」国文学解釈と鑑賞、六二巻三号、一九九七。
・山折哲雄「秘仏と神―二月堂修二会と春日若宮祭の論理と構造―」国立歴史民俗博物館研究報告一五集、一九八七。
・横内裕人「東大寺二月堂修二会と黒田荘―在地に刻まれた荘園支配―」南都仏教七四・七五号、一九九七。

・吉田一彦「御斎会の研究」『日本古代社会と仏教』第一部Ⅵ、吉川弘文館、一九九五。
・吉田健一「法華懺法の研究」龍谷大学大学院研究紀要人文科学、八集、一九八七。
・吉田実盛「東大寺修二会と天台の例懺」天台学報、二九号、一九八七。
・和歌森太郎「仏名会の成立」『修験道史研究』河出書房、一九四三。東洋文庫版、平凡社、一九七二。

## ●映像・音声関係資料

【ビデオ】

・仏教音楽・琵琶楽。筑摩書房、一九九〇。CD一枚、ビデオ三本、図書三冊、KCDK1102.
・ビデオブックス—大系日本歴史と芸能、第三巻、西方の春—修正会・修二会（東大寺のお水取り、薬師寺の花会式他）、平凡社、一九九一。
・NHK特集—名作一〇〇選。奈良・お水取り、一九九〇。PCVK-30038.

【CD】

・邦楽百科CDブック—日本の音。声の音楽1（声明他）、音楽之友社、一九九六。
・声明—マンダラのきらめき。CDブック、春秋社、一九九九。
・声明—天台声明と五台山念仏へのいざない。CDブック、春秋社、一九九九。
・東大寺—お水取り、ビクター、一九九四。VICG-5378.
・東大寺—お水取りの声明（サントリーホール公演ライブ）、キング、一九九七。KICC5215.
・奈良薬師寺、薬師悔過、薬師寺、一九九八。GES-11359.
・天台声明—金剛界曼荼羅供／天台声明音律研究会、一九九六。DENON COCO-80095.
・高野山金剛峯寺奥の院　月並御影供（Shomyo: Japanese Buddhist Chant of the Shin-gon Sect）、ビクタ

ー、二〇〇〇。VICG60392。
・新義真言声明集成、真言宗豊山派仏教青年会、一九九八。
・真言宗豊山派　千僧音曼荼羅（Buddhist Music with 1000 Shomyo Voices）、ビクター、一九九三。VICG-24.
・JAPON7（Shomyo：Chant Liturgique, Secte Shingon. Kobodaishi Mieku）、仏Ocora、一九八七。C-558657.
・JAPON（Shomyo：Chant Liturgique Bouddhique, Secte Tendai）、仏Ocora、一九九五。C-580065.

【レコード】

・声明大系1～7・別巻、法藏館、一九八三～四。各四枚組、GES-3674/7. GES-3686/9. GES-3694/7.
・東大寺修二会・観音悔過（お水取り）、ビクター、一九七一。六枚組、SJ-3031/2-1/3.
・奈良声明。東大寺修二会初夜悔過法要、CBSソニー、一九七八。25AG498.
・世界民族音楽大集成・二　日本の民族音楽（奈良薬師寺花会式の声明：称名悔過他）、キング、一九九二。KICC5502.
・薬師寺の四季―奈良法相宗声明、CBSソニー、一九七七。六枚組、OOAG155/60.
・四座講式―明恵上人作、コロンビア、一九七八。六枚組、GL-7003/8.
・日本音楽史名演奏復刻版（声明「涅槃講式」他）、コロンビア、一九七五。二枚組、GX7005/6.
・長谷論義、真言宗豊山派伝法大会、東芝EMI、一九七九。五枚組、THX-90032/6.
・御影供二箇法要（真言宗豊山派声明）、CBSソニー、一九七四。五枚組、SOJZ84/8.
・新義真言声明集成、ビクター、一九六三～六四。十二枚組、PRD-13003/14.

## ◆用語解説―南都を中心に―

山本　彩

［ア行］

### 威儀師／イギシ

法会に際して儀式を正しくとり行うため、僧たちに指示を与えて威儀を正す役職。また、威儀師の下で同様の職務に従事する僧を従儀師《じゅうぎし》という。威儀師と従儀師とは一組になって所作を行い、授戒の際には大僧都や律師とともに戒牒《かいちょう》（授戒を証明する文書）に署名を行った。

### 已講／イコウ

三会の講師を勤め終えた僧をいう。元来、南都の三会において講師を勤めた僧を称したが、院政期に北京三会《ほっきょうさんね》（天台三会）が成立すると、この講師を勤めた僧をも称するようになった。已講に対して、講師に任命された後、実際に役を勤め終えるまでを擬講《ぎこう》という。三会の講師に歴任されることは、学識ある僧として公に認められることであり、三会已講が順次、僧綱《そうごう》に任ぜられるのが定例となった。

### 院家／インゲ

寺院内に設けられ、僧侶が止住する施設。後には親王や貴族出身の僧尼が止住し、その法系を継ぐ寺院をいい、また、その住持をも称することがある。昌泰二年（八九九）に宇多上皇が出家して仁和寺に入ったとき、これに従って出家した皇族を院家衆と称したのが始まりとされる。門跡《もんぜき》と同義に用いられることもあるが、中世以降は門跡に次ぐ格式を有する、由緒ある寺院を称するようになった。

### 因明／インミョウ

因は理由、明は学問の意であり、声明《しょうみょう》・工巧明・医方明・内明と並ぶ五明《ごみょう》（インドにおける五つの学問区分）の一つ。理由を考察して論証を行う学問、すなわち論理学を指す。立論する命題としての宗、その成立理由である因、さらに宗と因との関係を明らかにし、宗を成り立たしめる例証としての喩の三つの部分を立てて論証を行う。

**莚道／エンドウ**

法会や灌頂《かんじょう》の際に、道場での儀式に先立って庭上で行う儀式を庭儀といい、このときに道場までの間に設けられる、莚《むしろ》や白布、褥《しとね》を敷いた通路を莚道と称する。庭上《ていじょう》の幔門《まんもん》と呼ばれる門から道場まで、三列の莚道（三枚莚道）が設けられる場合には、左右の二列は職衆《しきしゅう》の通路として、また中央の一列は大阿闍梨の通路として用いられる。

［カ行］

**学侶／ガクリョ**

学事を専らにし、主として講経・論談などを修する僧。学衆などともいう。諸大寺において階級上、雑務・警備などに従事する僧（堂衆）と区別されるようになったもの。南都諸宗派では江戸時代まで学侶と堂方の別があった。また、高野山伝法院では十二世紀前半より学侶と堂衆の区別がなされるようになり、堂衆は後には行人《ぎょうにん》と呼ばれるようになった。比叡山では上方・中方・下僧の三階層が生じ、上方が学生・学侶などと呼ばれた。平安時代中期より、堂衆は寺院の経営上の実権を掌握して学侶と対立するようになったため、諸寺においてしばしば抗争が起こった。

**科文／カモン**

経論を解釈するにあたり、本文を内容によって段落に分け、さらに各段落の内容を簡単な字句にまとめて示したもの。科章・科節・科段・分科ともいう。経典を序分（経が説かれるに至った由来・因縁を述べる部分）・正宗分《しょうしゅう》（経の中心となる説を述べる部分）・流通分《るつう》（経の利益を述べて流通を勧める部分）に大別して解釈することを三分科経というが、このような大きな区分から、小さな段落への区分までさまざまに行われる。

**勧請／カンジョウ**

勧め請うこと。仏伝には仏陀が悟りを開いたとき、梵天が一切衆生に教えを広めるために法を説くよう勧めたとあり、これを梵天勧請という。また、僧を請い迎える意にも用いる。法要においては、その開始に際して所定の文を読誦し、本尊・諸尊に道場への来臨を請願すること、あるいはそのときに唱える曲を指す。日本では、諸仏・諸神を寺や社などへ迎えまつる意として、仏教に限らず神道などにおいても広く用いられる。

**願文／ガンモン**

願状・祈願文・発願文などともいう。寺塔の建立や造仏・納経の際の法会、また死者の冥福を祈る追善法要のときなどに、施主の願意を述べるために記され、読み上げられる文章。とくに平安時代に盛んに作成された。本来は願主自ら記すものであるが、一定の書式があるうえ、仏教故事を多彩に織り込み、修辞をこらした文章で記すものであることから、多くは名文家と呼ばれる文人貴族などによって代作され、能書家によって美しく清書された。

**伎楽／ギガク**

腰鼓・鉦鼓・笛などによる音楽を伴奏として行われた仮面舞踊。百済人の味摩之《みまし》が中国の呉で学び、推古朝の頃に日本へ伝えたという。獅子・夜叉・迦楼羅《かるら》などの仮面をつけて舞う。仏教儀式の際に行われることが多かったため、寺院と結びついて盛んになり、諸大寺に専属の伎楽団がおかれるまでになったが、平安時代に入り、舞楽が興隆するにしたがって次第に衰微し、その一部が舞楽に吸収された。

**行道／ギョウドウ**

仏道を修行すること、あるいは一定の場所を歩行往来して瞑想することをいう。また、仏や仏堂、仏塔を礼拝供養するために、その周囲を右回りにまわる儀礼をも指し、法会の際には、本尊の周囲を列を作って回り歩く儀式をいう。

**公請／クジョウ**

公的な招請に従って、僧が召されること、およびその手続き。朝廷が主催する法会・講論に招かれる場合や、加持祈禱のために召される場合などがある。

**夏安居／ゲアンゴ**

仏教僧団において、夏や冬などの一定の期間、一箇所に籠もって集団生活を行い、修行に専念することを安居といい、夏に行う安居を夏安居という。インドでは夏季の三箇月にわたる降雨期には外出が不便となり、虫類を踏み殺すことが多くなるため、これを避けるために始めたとされる。日本では天武天皇十二年（六八三）に宮中で初めて行われ、平安時代以降は広く諸国の寺院において行われるようになった。秋や冬にも行われる場合があり、これを秋安居・冬安居という。

**悔過／ケカ**

罪過を懺悔《さんげ》する意。日本では、仏前で身・口・意の三業《さんごう》の罪過を懺悔し、その応報から免れるよう願い、功徳を祈る儀式をいう。その際、本尊とする仏・菩薩によって薬師悔過・吉祥《きちじょう》悔過・阿弥陀悔過などの区別がある。奈良時代には国家の安穏を願い、勅命で行われるなどとくに盛行した。現在も、東大寺・薬師寺をはじめ、諸寺において修正会や修二会などの悔過法要が行われている。

**加行／ケギョウ**

灌頂《かんじょう》や受戒などを受けるにあたって特定の前行を修めることをいう。加行によって得るものを、先天的に備えている生得に対して加行得といい、加行によってなされた善を加行善という。

**結界／ケッカイ**

ある一定の地域を区切ること。僧が集まって行事を行う際に区画を設ける摂僧界、三衣を離れて止宿しても罪にならない区域を定める摂衣界、食を煮る罪を犯さないように地域を区切る摂食界の三種がある。密教では、修行道場や修法を行う場所に魔障が入らないように、修法により一定の地域を限って結界を行い、この地域を結界地という。また寺院においては、内陣・外陣の間の柵や、外陣の僧と俗人の席を分ける柵をも結界という。

**結夏／ケツゲ**

仏教僧団において、夏などに一定の期間、一箇所に住して修養に専任することを安居というが、この安居に入ること、あるいはその初日を、夏安居の制を結ぶとの意から結夏という。またこれに対して、期間を経た後に安居の制を解くことを解夏《げげ》といい、結夏と解夏の間のことを半夏という。

**結衆／ケッシュ・ケッシュウ**

法会に出仕する僧のうち、衲袈裟《のうげさ》（衲衣《のうえ》。本来、ぼろ布を綴り合わせて作った衣の意であるが、日本では金襴や錦綾などを縫いまぜた袈裟を称する）を着用する僧衆を衲衆《のうしゃ》、甲袈裟《こうげさ》（縁が黒く、地の広い部分が亀甲の形をした袈裟）を着用する僧衆を甲衆《かっしゅ》といい、この衲衆と甲衆とをあわせて結衆という。また、人数を定めて内陣に着座する僧衆を結衆と称することもある。

**華鬘／ケマン**

生花を糸で綴り、または結び合わせて身の装飾としたり、仏に供養したりするもの。また、この花飾りを原型として、金銅や木、牛皮などで作った仏堂の荘厳具をいう。団扇形のものが多く、内陣の長押などに掛けて用いる。

**講／コウ**

元来は、経論を講説する学問僧の集会を意味し、講会とも呼ばれて、七世紀頃よりすでに仁王講《にんのう》、最勝講、法華講などが行われていたが、転じて仏・菩薩や祖師の徳を讃える集会をも称するようになり、平安時代には法華経信仰の高まりに伴って、法華八講などの講が広く在俗者の間でも行われた。また後には、さらに転じて信仰行事とそれを担う信者の集団をも指すようになり、中世以降は宗教に限らず、経済や娯楽などに関する世俗的な共同体組織をも称した。

**講経論義法要／コウキョウロンギホウヨウ**

ある経典について、意義や内容に関する講説を行い、さらに経典の理解を深めるため、講師と問者、聴衆《ちょうじゅ》との間で問答を行う法要形式。

**高座／コウザ**

説法や講経のときに、説法者や講師がすわる一段高い座席。釈尊が成道したという金剛宝座をかたどったもの。また論義の場合には、道場の本尊の前に向かい合わせに設けられた、講師・読師《とくし》の席である高い台を指す。このとき、数段の階段が付された、屋根のある大きな高座を用いることもある。

**講師／コウジ**

読師と相対して仏前の右側の高座に登り、経論を講説し、問者の質問に答える役僧をいい、狭義には勅会である南京三会、北京三会の講師を称する。なお歴史的にみれば諸国の僧尼を管掌し、兼ねて経論を講説するために、大宝二年(七〇二)以降、各国に一名ずつ置かれた一種の職官で、もと国師と称した。後に国分寺に置かれるようになり、延暦十四年（七九五）に講師と改称された。

**講式／コウシキ**

仏・菩薩や祖師の徳を讃える儀式。あるいはその次第を定め、記したもの。儀式においては、表《ひょう》白《びゃく》段や回向段、伽陀《かだ》などが付加され、漢文体で記された讃文《さんもん》が訓読の形で音楽的に朗誦される。平安中期に作成され始め、鎌倉時代にとくに盛んになり、儀礼として広く行われるようになった。源信の「二十五三昧式」や永観の「往生講式」、明恵の「四座《しざ》講式」などがよく知られている。

**香水／コウズイ**

仏に供養する水、香や花を入れた水を、香水または閼伽《あか》という。また灑水器《しゃすいき》という器に入れた香水を、真言と印契（印相）によって加持し、散杖《さんじょう》という棒を用いて行者や道場、供具に注ぎ、これらを清める儀礼を灑水《しゃすい》という。

**国忌／コキ・コッキ**

皇祖や天皇の父母などの忌日に国家行事として行う追善供養をいう。この日は政務は休みとなり、他の年中行事も延引され、特定の寺院に付して法要が行われた。持統天皇元年（六八七）の天武天皇一周忌の国忌を初見とする。元来は先皇の忌日のみに行われたが、後に対象の範囲が拡大され、忌日が増加して政務が停滞したため、平安時代にはしばしば整理が行われた。

［サ行］

**最勝講／サイショウコウ**

金光明最勝王経を講説して国家の平安を祈る法会。長保四年（一〇〇二）に創始された宮中最勝講は、毎年五月の吉日を選び、東大寺・興福寺・延暦寺・園城寺の四大寺の僧を招いて五日間宮中の清涼殿で行うもので、最も権威があった。院政期には仙洞（法皇御所）最勝講、法勝御八講とともに三講と呼ばれて僧綱《そうごう》への登竜門となり、四大寺の成業僧《じょうごうそう》は、通常、法勝寺御八講に続いて仙洞最勝講への出仕を経た後、初めて最勝講の証《しょう》義《ぎ》や講師、聴衆《ちょうじゅ》に任ぜられ、僧綱《そうごう》候補となる例であった。

**讃／サン**

仏・菩薩の行いや功徳を讃歎する定形の詩文。法会の際には曲調を付して唱える。梵音をそのまま音写したものを梵讃、漢語に訳したものを漢讃といい、漢讃は漢文直読の形で諷唱された。また、日本で作られた和語の讃を和讃といい、祖師・高僧や明神なども讃歎の対象となった。元来定則はなかったが、平安時代中期までに七五調の形式が定着して盛んに作られるようになり、鎌倉時代には各宗派の布教活動において重用され、広く民衆の間に流布した。

**散華／サンゲ**

華を散布し、仏・菩薩を供養すること。法会における散華は、花の芳香によって悪神を退散させ、仏を請じるために行われる。ともに唄に次いで行われ、華籠《けこ》に入れた華を、偈頌《げじゅ》を唱えながら散らす。樒《しきみ》の葉、蓮華などの生花を用いることもあるが、多くは紙製の蓮華の花びらを用いる。

**三講／サンコウ**

長保四年（一〇〇二）創始（一〇一〇年とも）の宮中最勝講、永久元年（一一一三）創始の仙洞（法皇御所）最勝講、天承元年（一一三一）創始の法勝寺御八講の三つをいう。僧綱への登竜門として重視され、東大寺・興福寺・延暦寺・園城寺の四大寺の成業僧は、法勝寺御八講、続いて仙洞最勝講に出仕した後、初めて最勝講の証義や講師、聴衆に任ぜられ、僧綱候補となった。ただし上流貴族出身の僧は、直参《じきさん》と称して直接最勝講に出仕することが許され、その後僧綱に任じられるのが例であった。

**三会／サンエ・サンネ**

仏が衆生を救うために行う三回の大説法会。また、日本では代表的な三つの勅会を称し、興福寺の維摩会・宮中の御斎会《ごさいえ》・薬師寺の最勝会を南京三会という。承和元年（八三四）（一説には承和六年）には、この三会の講師を順次に経た者が僧綱となることが定められたが、後に天台宗では法勝寺大乗会・円宗寺法華会の講師を経た者が僧綱に任じられるようになり、この二会と円宗寺最勝会とをあわせて北京三会（天台三会）と称するようになった。

### 三礼／サンライ

三度礼拝すること。あるいは五体投地の礼拝・起居《ききょ》の礼拝・揖《しゅう》の礼拝の三種の礼拝法をいう。また法会では、その導入部において、導師が柄香炉《えごうろ》をとり、仏・法・僧の三宝に帰依する内容の偈を唱えて礼拝を行うことをいい、後に如来唄《にょらいばい》が続くことが多い。

### 四箇法要／シカホウヨウ

唄《ばい》・散華・梵音《ぼんのん》・錫杖《しゃくじょう》の四種の声明を用いる法要。顕教立ての大法会で行われる。始めに如来妙色身などの偈を唱えて仏徳を讃歎し、諸縁をとどめて心を寂静にした後（唄）、願我在道場などの偈を唱え、華を散布して悪神を退け、仏を請じ（散華）、十方所有勝妙華などの偈を唱え、浄音を三宝に供養し（梵音）、最後に手執錫杖の偈を唱え、各節の終わりに錫杖を振る（錫杖）というもの。二箇法要は密教立ての法要で行うもので、唄と散華のみが修せられる。

### 職衆／シキシュ・シキシュウ

導師（大阿闍梨）に従って出仕する僧衆。声明《しょうみょう》を唱え、散華や行道などの作法を行う。たとえば密教法要の場合、金剛杵を持つ持金剛衆《じごんごうしゅ》や、華籠を持つ持華衆《じけしゅ》、幔を持つ持幔衆《じまんしゅ》などの諸役がある。職衆中の上臈の僧が勤める持金剛衆は、納衆《のうしゅ》とも呼ばれて納衣《のうえ》を着し、下臈の僧衆は甲衆《かっしゅ》と呼ばれて甲袈裟《こうげさ》を着するとされる。諸職を勤めるとの意味から職の字を用いるが、式衆とも書かれ、また元来は色袈裟を着するためこの名を称したとされ、色衆とも書く。

### 四句／シク

四句の偈を指す場合には、四句からなる詩頌をいう。偈は詩句の体裁によって仏の教えを述べたり、仏・菩薩の徳を讃歎したりしたもので、漢訳では四字あるいは五字の四句の形に訳されることが多い。また、別に四句分別を指す場合には、もののあり方による四つの分類法、すなわち、ある主題に対して「Aである」「Aでない」「Aでありかつ Aでない」「AでなくAでないのでもない」の四種の段階にわたって考察する方法をいう。

**寺家／ジケ**

伽藍を含む空間としての寺、寺院。また寺院内に住む僧衆や寺院の組織を指し、寺家に仕える下男下女を寺家人という。寺当局の意味から朝廷や公家、俗家などに対する語としても用いる。また寺院内においては門跡、院家《いんげ》に次ぐ寺格の寺を表し、その寺に属する僧をも指す。比叡山では宗内の事務を司り、寺内の諸役職の任命などを行う職名を寺家といい、また執当《しつとう》ともいう。

**事相／ジソウ**

教相《きょうそう》の対語。教相が密教の経典などに示される教義の理論的な研究・解釈の面を指すのに対して、事相は灌頂《かんじょう》・修法《すほう》などの密教儀礼や、各種の作法、印契（印相）・真言などの具体的な修習の面を指す。これらの作法や形などは、各々が深遠な真理を表象するものとされ、本来事相と教相とは表裏の関係にあるものとされる。

**七僧／シチソウ**

法会において重要な役を担う七人の僧。講師《こうじ》・読《とく》師《し》・呪願《しゅがん》師・三礼《さんらい》師・唄《ばい》師・散華《さんげ》師・堂達《どうたつ》のこと。また、この七僧が出仕して行われる大法会を七僧法会という。

**錫杖／シャクジョウ**

僧が携行する一種の杖。頭部が金属製の輪になっており、そこに数個の輪が通されているため、動かすと音が鳴る。大乗の僧尼が常に持たなければならない十八物の一つで、毒蛇や害虫を追い払ったり、乞食のときに、音によって人々に到来を知らせたりするのに用いる。また、法会においては錫杖を用いて行う作法を称し、四箇《しか》法要ではその第四曲目に手執錫杖の偈を唱え、錫杖を振るという所作が行われる。

**呪願／シュガン・ジュガン**

法要に際し、願意を述べ、仏・菩薩の加護を祈ること。僧が食事などの供養を受けるときや、法会のときなどに、施主の志すところに随って法語を唱え、施主の福利を祈願することをいう。また堂塔建立などの供養会で、導師が願文を読むのに続いて呪願文を読み上げ、仏を讃歎して施主の願意を述べ、その成就を祈る役の僧を呪願師という。法会の重要な役僧である七僧の一人であり、七人のうち最も上臈の僧がなる。

**修正会／シュショウエ**

修正月会の略称で、修正ともいう。正月の始めに、七日間にわたって天下泰平、五穀豊穣などを祈願する法会。奈良時代の初めより官大寺などで修されていたと推定され、神護景雲元年（七六七）以降、諸国の国分寺で行われるようになった吉祥《きちじょう》天《てん》悔《け》過《か》が源流とされる。平安時代には東寺・西寺の薬師悔過をはじめ、諸大寺で盛んに修されるようになった。奏楽を付して行うことが多く、法成寺や法勝寺などでは、法呪師《ほうしゅし》と呼ばれる人々による芸能の披露が行われた。

**修二会／シュニエ**

修二月会の略称。陰暦の二月に天下泰平を祈願し、悔過を行う法会。現在では太陽暦により、通常三月一日から十四日まで行われる。インドでは卯の月を、中国では寅の月を年はじめとし、中国の二月がインドの正月にあたることから、仏への供養を行うようになったとの説がある。奈良時代より行われ、現在でも多くの寺院で修されるが、天平勝宝三年（七五一）に実忠が始修したとされ、とくにお水取りで有名な東大寺二月堂の修二会では、十一面悔過の作法が毎年行われている。

**証義／ショウギ**

竪義《りゅうぎ》において、その判定を行う役職。証義《しょうぎ》者・精義《しょうぎ》ともいう。選定された論題について問者と竪者《りっしゃ》の間で行われた往復問答の結果を検討し、竪者が立てた義の可否を判定する。通常は、論題の選定者である探題がなる。元来、勅会《ちょくえ》の論義の際に置かれた役職であるが、後には一般の論義にも置かれるようになった。

**荘厳／ショウゴン**

身や国土などを美しく飾る意。また、とくに道場を厳かに飾ることを称し、装飾の道具を荘厳具という。

**声明／ショウミョウ**
元来は、古代インドにおける五つの学問区分である五明《ごみょう》の一つで、音声・言語の学問を意味する。日本へは、遅くとも奈良時代には中国より伝来し、重視されたが、次第に本来の文法学的な意味が薄れてゆき、鎌倉時代以降は、仏教儀式において経典の偈頌などに節をつけて誦唱する儀式音楽を声明、または梵唄《ぼんばい》と称するようになった。後には和文系の曲である和語讃も作成されるようになり、平曲に影響を及ぼし、浄瑠璃や義太夫を生み出すなど、邦楽の発展に重要な役割を果たした。

**声聞／ショウモン**
声を聞く者の意。仏の言葉を聞いて悟る出家の弟子をいい、これに対して仏より教えられることなく、自ら悟りを開く人を縁覚《えんがく》（独覚）と称する。仏教では、衆生を悟りに導く教えを乗り物にたとえて乗といい、仏は衆生の素質に応じて声聞乗・縁覚乗・菩薩乗の三種の教えを説いたとされ、これを三乗という。また、声聞は縁覚とともに二乗と称され、菩薩とは異なり、自己の解脱のみ求めて他人を救済するための行に欠けるとして、大乗の立場からは小乗とも貶称される。

**神分／ジンブン**
法会の初めに、悪神による障害を除き、法会の成就を期すため、仏法守護の諸天や神祇を道場に呼び迎えて守護を願うこと。通常、その最後に法楽として般若心経を誦す。

**説戒／セッカイ**
戒を説示する意。布薩《ふさつ》のこと。布薩とは、半月に一度ずつ比丘達が集まり、波羅提木叉《はらだもくしゃ》という戒本に記された戒を一条ずつ読み上げ、互いにこれを犯さなかったかどうかを確認し、反省する集会をいう。またこのとき、在家の信者は八斎戒を守り、説法を聴き、僧に食事などの供養を行った。

**懺法／センボウ**
懺悔《さんげ》を行う法の意で、諸経の説に基づく罪障を懺悔する儀式、またその儀式法則《ほっそく》をいう。中国では五～七世紀頃から、前後に礼讃《らいさん》や発願《ほつがん》を加えた懺悔の形式が整えられ、仏教行事として盛行した。日本では、古くは悔過と称して法華・観音・阿弥陀・吉祥などの懺法が行われたが、平安時代以降、とくに法華経の読誦を主とする法華懺法が盛んになり、単に懺法と言えばこれを指すようにまでなった。

［タ行］

**探題／タンダイ**

竪義《りゅうぎ》における最高の職位で、諸経論より論題を選定する役職をいう。またその論題について問者と竪者《りっしゃ》の間で行われる問答の内容を厳しく検討し、竪者が立てた義の可否を判定する役（証義）でもある。勅会の論義への出仕を重ね、大法会の講師や竪義の問者を歴任し、擬講《ぎこう》や已講《いこう》を経た後に、初めて勅令により任じられる重職。

**番論義／バンロンギ・ツガイロンギ**

二人一組で、数番にわたって行う論義をいう。宮中の御斎会《ごさいえ》で行われた内論義の場合、一番に二題、合計五番十題の問答があり、一番につき一人ずつ問者と答者が定められていた。また、童僧が出仕する稚児《ちご》論義として行う場合もある。

**庭儀／テイギ**

道場での儀式に先立ち、庭上で行われる儀式。龍猛が南天竺の鉄塔を開いたときの所伝を踏まえ、道場の前で讃を唱える。出仕する僧衆は、まず集会所に参集して鐘の合図で浅臈の順に道楽《みちがく》を奏し列になって進み、幔門《まんもん》と呼ばれる門へと向かう。このとき、法要の統師者（導師、講説師、密教の場合は大阿闍梨）は輿に乗るか、鼻高と呼ばれる履物を履く。職衆《しきしゅう》は、初め鼻高を履いているが、幔門で草履に履き替えて法要の統師者とともに莚《えん》道《どう》の上を進む。衆僧が門内に入り終わった後、讃が唱えられて鐃《にょう》や鈸《はち》が打たれ、法螺《ほら》が吹かれる。また場合によっては舞楽が行われる。道場に至ると職衆が登階して群立し、法要の統師者が入堂する。

**導師／ドウシ**

衆生を正道へ導く師の意で、仏・菩薩などを指す。また法会においては、願文や表白を読み上げ、法会に出仕する僧衆全体を統括する役職の僧をいう。場合によって大導師・小導師、御導師・権導師のように、立場上の区別が設けられる。曼荼羅《まんだら》供《く》や灌頂《かんじょう》など、密教の法要の場合は大阿闍梨と称する。また法会の期間中、時導師《じどうし》がおかれる場合もあり、特定の日時に導師を勤める場合には開《かい》闢《びゃく》導師（初日の導師）、結願導師（最終日の導師）などのように称する。

**堂達／ドウタツ**

法会において、会行事《えぎょうじ》の下で堂内のことを取り仕切り、願文・呪願文を導師・呪願師に伝達する役職を称する。

**得業／トクゴウ**

僧の学階の名称。古くは功徳安居・官安居の講師を勤めた者を指したが、斉衡二年（八五五）に、諸国に一人ずつ置かれていた講師・読師の補任に関し、講師は五階、読師は三階の業を経るべきことが定められて以来、この階業を終了した者を称するようになった。また南都においては、興福寺の維摩会・法華会、薬師寺の最勝会の竪義を順次に遂げた者を指し、通常はこの意味で使われることが多い。

**読師／ドクシ・トクシ**

安居や法会などにおいて、経題や経典を読み上げる役の僧をいう。法会では、講師と相対して仏前の左の高座に登る。重要な役職であり、南京三会・北京三会などの大法会では内供奉十禅師をはじめ、高僧が任じられる例であった。また延暦十四年（七九五）以降、国ごとに一人ずつ置かれて、講師とともに国分寺の仏事や国内の諸寺のことを司った役職をもいう。

［ハ行］

**唄／バイ**

唄匿《ばいのく》の略。唄匿は梵語 bhāṣā を音写したものとされ、讃歎《さんだん》と漢訳する。曲調を付して偈頌を詠ずるもの。広義には法会で用いる声明を、狭義には声明の一種を指す。二箇法要・四箇《しか》法要などでは仏徳を讃歎し、諸縁をとどめて心を寂静にするため、法要の初めに唱えられる。

**幡／バン**

「はた」とも称する。仏・菩薩の威徳を表す荘厳具の一つで、布や金銅板を用いて長く垂れるように作り、通常、仏堂の柱や天蓋などにかける。三角形の頭部に長方形の幡身をつなぎ、その左右には幡手を、下には幡足をつける。また、幡身に仏・菩薩の像や三昧耶形などを描いたりする場合もある。

**表白／ヒョウビャク・ヒョウハク・ヒョウヒャク**

法会や修法を行うときに、その趣旨や願いを本尊の前で本尊・会衆に申し告げること。また、その際に読み上げる文。法会の初めに行うため、開白ともいい、また啓白ともいう。導師が自ら行う場合と、表白師が行う場合とがある。表白文は追善や講経、堂塔供養など、目的に合わせて各々型があり、細かな次序法則にのっとり、美文によって記される。

**舞楽／ブガク**

雅楽に伴って舞を演じるもの。日本には伝統的な楽として神楽や東遊《あずまあそび》などがあったが、飛鳥時代に高麗《こま》楽・百済楽・新羅楽が伝来し、また唐楽・度羅《とら》楽・林邑楽なども伝えられて次第に日本化され、宮廷の儀式や饗宴、寺院の法要などで盛んに行われるようになった。舞楽のうち中国伝来の唐楽系の楽を左楽（左舞）、朝鮮半島から伝来した高麗楽系の楽を右楽（右舞）という。舞人は舞によっては仮面を着し、楽器は笙・篳篥《ひちりき》・太鼓・鉦《しょう》鼓《こ》・羯鼓《かっこ》などを用いる。また、寺院の法要で声明と舞楽を交互に行う形式のものを舞楽法要と称する。

**諷誦文／フジュモン**

諷誦とは経文を声をあげ、節をつけて読むことであり、諷誦文とは種々の祈願や先祖などへの追善供養のために、三宝に施物を供え、僧に経の諷誦を請う文をいう。法会のときには諷誦師、あるいは導師によって読み上げられ、諷誦師が読む場合には、導師に次ぐ上位の僧がこの役にあたる。

**別火／ベッカ**

新たに切り火され、清祓された清浄な火を用いて精進生活を行うことで、この間、本行に必要な法具の準備や声明《しょうみょう》の稽古などが行われる。現在の東大寺の修二会では、本行に入る前に戒壇院で行われる前行をいい、試別火《ころべっか》と総別火の二段階があり、総別火に入ると土の上にも下りることが許されず、さらに厳しい精進が行われる。

**法華八講／ホッケハッコウ**

略して八講ともいう。法華経八巻を一巻を一座として八座に分け、講説する法会。多くの場合、一日に二座ずつ四日にわたって講じられ、竜女成仏の内容で知られる第五巻提婆達多品の講説のある第三日は、五巻日と称してとくに荘厳に行われた。日本では延暦十五年（七九六）（一説に同十二年）に石淵寺《いわぶちでら》で初めて行われたという。また、法華経八巻に開経の無量義経と結経の観普賢経を加えて十講とする場合を法華十講と称し、法華経二十八品を各々一講とし、開結二経を加えて三十講とする場合、これを法華三十講と称する。

**梵音／ボンノン・ボンノウ**

大梵天王の音声の意。仏の清浄な声を讃えていうこともあり、三十二相《さんじゅうにそう》の中には梵音相がある。四箇法要では、散華《さんげ》に続く第三曲目として清らかな音声で八句の偈を唱え、三宝を供養することを称し、斉唱役にあたる職衆《しきしゅう》の集団を梵音衆という。また、単に読経の声を指す場合もある。

［マ行］

**問者／モンジャ**

論義のときに選定された論題について、解答者である講師《こうじ》、あるいは竪者に対して質問をする役の僧。

［ラ行］

**礼盤／ライバン・ライハン**

法会や修法のときに、導師が仏を礼拝するために座る方形の牀座《しょうざ》。上下の框の間に束を立てた箱形礼盤と、天板の四角に反りのある猫脚をつけた猫脚礼盤がある。前に経机、左右に脇机などを置き、法具を供える。

**竪者／リッシャ**

僧侶の学業を試験する竪義の場において、定められた論題について自らの義を立て、問者の質疑に応じ、証義者《しょうぎしゃ》によりその可否を判定される者をいう。また、南京三会《なんきょうさんね》（維摩《ゆいま》会・最勝会・御斎《ごさい》会）において順次、竪義を遂業した僧を得業《とくごう》と称する。

**竪義／リュウギ**

学僧の実力を試験するため、法会などにおいて行われる論義。立義とも書く。受験者にあたる竪者は、探題が選定した論題について自己の義（見解）を立てて問者の問いに答え、その問答の結果により、精義《しょうぎ》に義の可否を判定される。探題や問者、精義のほか、記録係にあたる注記や、雑務を行う会行事《えぎょうじ》などの諸役がある。古くは奈良時代より興福寺維摩会において行われ、次いで薬師寺最勝会や大安寺法華会などでも行われるようになり、後には南都以外でも、延暦寺の広学竪義、園城寺の碩学竪義などが創始された。

**練行衆／レンギョウシュウ**

練行とは、精進潔斎して行法を修練する意であり、東大寺や薬師寺などの悔過会《けかえ》において、参籠を行う僧侶を練行衆という。現在、東大寺では十一名と定められており、上臈の和上《わじょう》・大導師《だいどうし》・呪師《しゅし》・堂司《どうつかさ》を四職《ししき》、総衆之一（または北衆之一）・南衆之一・北衆之二・南衆之二・中燈《ちゅうどう》之一・権処世界《ごんしょせかい》・処世界《しょせかい》を平衆《ひらしゅう》と称して、この練行衆を中心とする参籠衆に修二会の運営一切がゆだねられる。

＊本文の理解に資するため、『国史大辞典』（吉川弘文館）『総合仏教大辞典』（法蔵館）、『仏教音楽大辞典』（同）ほかを参照し、必要最小限の用語についてまとめた。

# 執筆者紹介（五十音順・敬称略）

**綾村　宏**（あやむら　ひろし）

1945年生。奈良国立文化財研究所歴史研究室長。日本中世史。『興福寺典籍文書目録第二巻』(法藏館、1996)、『法隆寺の至宝 8 古記録古文書』（共編、小学館、1999）ほか。

**楠　淳證**（くすのき　じゅんしょう）

1956年生。龍谷大学教授。日本唯識。『日本中世の唯識思想』（共著、永田文昌堂、1997)、「法相の論義」（『論義の研究』智山勧学会編、青史出版、2000）ほか。

**佐藤道子**（さとう　みちこ）

1930年生。東京国立文化財研究所名誉研究員。寺院芸能様式史。『東大寺修二会の構成と所作』(全4巻、平凡社、1975～82)、『中世寺院と法会』(編著、法藏館、1994)、『悔過会と芸能』（法藏館、2001、近刊）ほか。

**髙山有紀**（たかやま　ゆき）

1967年生。新島学園女子短期大学専任講師。日本中世史・教育史。『中世興福寺維摩会の研究』（勉誠社、1997)、「中世南都寺院における維摩会講師の修学活動―伝受と加行についての一考察―」（日本の教育史学36号、1993）ほか。

**千本英史**（ちもと　ひでし）

1954年生。奈良女子大学大学院人間文化研究科助教授。国文学。古代学学術研究センター設立準備室委員。『験記文学の研究』（勉誠出版、1999）、「天竺冠者のゆくえ」（叙説24号、1997）ほか。

**礪波美和子**（となみ　みわこ）

1969年生。奈良女子大学大学院人間文化研究科助手。国文学。「『西行物語』と『撰集抄』―和歌の扱いを中心に―」（説話文学研究32号、1997)。「『西行物語』における和歌観をめぐって」（文藝論叢56号、2001）ほか。

**永村　眞**（ながむら　まこと）

1948年生。日本女子大学文学部教授。日本中世史。『中世東大寺の組織と経営』（塙書房、1989)、『中世寺院史料論』（吉川弘文館、2000）ほか。

**山岸常人**（やまぎし　つねと）

1952年生。京都大学大学院工学研究科助教授。日本建築史。『中世寺院社会と仏堂』（塙書房、1990)、『朝日百科別冊 国宝と歴史の旅 2 仏堂の空間と儀式』（共著、朝日新聞社、1999）ほか。

**山本　彩**（やまもと　あや）

1973年生。奈良女子大学大学院博士後期課程。国文学。「『天台南山無動寺建立和尚伝』の諸本について」（奈良女子大学大学院人間文化研究科年報14号、1999)、「相応和尚の幻像―『天台南山無動寺建立和尚伝』考―」（叙説27号、1999）ほか。

# 儀礼にみる日本の仏教
## ―東大寺・興福寺・薬師寺―

二〇〇一年三月三一日　初版第一刷発行

編　者　奈良女子大学
古代学学術研究センター設立準備室
発行者　西村七兵衛
発行所　株式会社法藏館
京都市下京区正面通烏丸東入
郵便番号　六〇〇－八一五三
電話　〇七五－三四三－〇〇三〇（編集）
〇七五－三四三－五六五六（営業）

印刷・製本　亜細亜印刷

ISBN4-8318-7550-3 C1015